KARL WANKO

»Weil ich die
Menschen liebe«

KARL WANKO

»Weil ich die Menschen liebe«

Kräuterpfarrer Weidinger

Leben
und Wirken

Mit 43 Abbildungen

Amalthea
Verlag

Bildnachweis

Die Zahlen in Klammer bezeichnen die Seiten im Bildteil.
Gerda Christ (1), Archiv Hermann-Josef Weidinger (2 oben, 4, 5, 11 unten, 15 oben), Sebastian Kreit (2 unten links), Ernst Kainerstorfer (2 unten rechts, 8 unten), Emil Jaksch (3 oben, 7 oben), Benedikt Felsinger (3 Mitte), Dieter Dorner (3 unten), Archiv Kräuterpfarrer-Zentrum (6 oben, 16 oben), Karl Wanko (6 unten, 7 unten links), Ernst Gratzl (7 unten rechts, 12 oben links), Gerhard Hofstätter (8 oben), L'Osservatore Romano Città del Vaticano/ Arturo Mari (9 oben), Gert Eggenberger (9 unten, 13 oben), Thomas M. Laimgruber (10 oben, 12 oben rechts, 13 unten, 16 unten rechts), Herbert Schleich/NÖ Landespressedienst (10 unten, 11 oben), ORF/Redaktion Tritsch-Tratsch (12 unten), Michael Schmidt (13 Mitte), Verein Freunde der Heilkräuter (14 oben links), Adolf Blaim (14 oben rechts), Reinhard Bimashofer (14 unten), Alfred Wieser (15 Mitte, 15 unten), Miriam Höhme (16 unten links)

Der Verlag hat alle Rechte abgeklärt. Konnten in einzelnen Fällen die Rechteinhaber der reproduzierten Bilder nicht ausfindig gemacht werden, bitten wir, dem Verlag bestehende Ansprüche zu melden.

Besuchen Sie uns im Internet unter: amalthea.at

© 2018 by Amalthea Signum Verlag, Wien
Alle Rechte vorbehalten
Umschlaggestaltung: Elisabeth Pirker/OFFBEAT
Umschlagfotos: Thomas M. Laimgruber
Lektorat: Maria-Christine Leitgeb
Herstellung und Satz: VerlagsService Dietmar Schmitz GmbH, Heimstetten
Gesetzt aus der 11,25/14,25 pt Minion Pro
Designed in Austria, printed in the EU
ISBN 978-3-99050-116-0

Inhalt

Vorwort

Bevor Sie weiterblättern …

… lassen Sie mich bitte noch kurz zu Wort kommen. Nicht, dass es einer Vorwegnahme oder gar einer Ergänzung zum Inhalt dieses Werkes bedürfte, das dem Verfasser selbst schon lange am Herzen lag. Aber ich sehe mich eingespannt zwischen dem, was Hermann-Josef Weidinger in unermüdlichem Eifer säte, und dem, was mittlerweile weiterwachsen möchte bzw. zur Ernte ansteht. Dabei ging es nicht in erster Linie um Kräuter und deren Gebrauch. Das wäre viel zu wenig. Der Mensch, der in Gott seinen Ausgangspunkt und sein Ziel hat, der darf Stück um Stück die Welt entdecken, sie auskosten, sie erleiden und sich auf den Weg zum Heil machen. Gesund sein zu dürfen, bedeutet durchaus eine große Gnade. Aber Heil ist noch viel mehr. Es geht ums Ganze. Zwischen Himmel und Erde. So hat einst der große Kirchenlehrer Augustinus (354–430 n. Chr.) den Begriff vom Buch der Natur verwendet. Damit ist gemeint, dass nicht bloß die Heilige Schrift der Bibel im Alten sowie Neuen Testament eine Weise darstellt, in der die göttliche Offenbarung dem Menschen zutage tritt; darüber hinaus ist die Natur so etwas wie eine Quelle, aus der die Erkenntnis des Allmächtigen fließen kann. Und in diesem Buch zu lesen, bleibt keineswegs Botanikern, Zoologen, Geologen oder sonstigen akademisch Graduierten vorbehalten, sondern darf jedem möglich sein, der sich eingebettet weiß in dem, was die gesamte Schöpfung umfasst. Wie gesagt, es geht ums Ganze. Und darum ist auch jedes Detail wichtig.

Hermann-Josef Weidinger hat immens viel beigetragen, um das Interesse zu wecken, durch das es möglich ist, im Buch der

Natur zu blättern. Er hat uns geholfen, immer tiefer in das Geheimnis einzudringen, das im Wesen der Pflanzen steckt. Neben jeder praktischen Empfehlung, die er sammelte, ausprobierte und weitergab, hat stets die Betrachtung der Heilkräuter einen breiten Raum eingenommen. Und keiner wird leugnen können, dass gerade darin schon sehr viel Heilendes abzuschöpfen ist. Es geht eben nicht nur um den Leib, sondern auch um die Seele. Es geht ums Ganze! So gesehen ist es nicht schlecht, noch einmal den Weg abzuschreiten, den Hermann-Josef Weidinger speziell als Kräuterpfarrer zurückgelegt hat. So markant sein Charakter und sein Wille auch waren, die schließlich dazu führten, dass man in der Befassung mit den Heilkräutern gut vorankam, so sehr wollte er die Strecke nicht allein gehen. Immer wieder hat er mit seinen Vertrauten, zu denen auch Obmann Karl Wanko zählte, gerungen, auf welche Weise er möglichst vielen Menschen dienlich sein könnte. Er hat seine Aufgabe als Sendung betrachtet, da er – selbst reich beschenkt von den Kräften der Natur – stets ein Gebender sein wollte, getragen durch die Kraft seines Gebets als Priester und als Ordensmann. Schließlich ging es ihm darum, eine vergessene Dimension der Kirche wiederum ganz und gar zu verkörpern, die gerade durch die Industrialisierung und Technisierung des 20. Jahrhunderts ins Hintertreffen geraten ist. Das Evangelium nach Lukas erinnert uns gleich am Anfang des neunten Kapitels an diesen Auftrag Christi: »Dann rief er die Zwölf zu sich und gab ihnen die Kraft und die Vollmacht, alle Dämonen auszutreiben und die Kranken gesund zu machen. Und er sandte sie aus mit dem Auftrag, das Reich Gottes zu verkünden und zu heilen« (Lk 9, 1–2).

Diese Dimension des Heilens hat den Prämonstratenser von Geras nicht mehr losgelassen. Nach seinen vielfältigen Erfahrungen, die er rund um seine Ausbildung und Weihe zum Priester in China und auf seinen weiten Reisen machte, hat er die ländlichen Bedingungen eines kleinen Dorfes namens

Harth, wo er an der Kirche St. Rochus als Pfarrer wirkte, durchaus als etwas Segensreiches entdecken dürfen. Als Werkzeug Gottes ließ er sich einspannen, um das Reich Gottes zu verkünden und vorerst als Schwerkranker selbst Heilung an sich zu erfahren. Dieser Prozess blieb nicht ohne Frucht. So konnte er selbst als Mitfühlender und Einfühlender denen begegnen, die ein Kreuz auferlegt bekamen, auf welche Art und Weise auch immer. Wenn der heilige Augustinus also vom Buch der Natur spricht, aus dem Hermann-Josef Weidinger so vieles herausbuchstabieren konnte, dann liegt es nahe, ein abgeschlossenes Leben wie eine Erzählung zu sehen, die der liebe Gott selbst an seine Nachwelt geschrieben hat. Mit den Zeilen, die in dem Rückblick enthalten sind, lässt sich ohne Umschweife sagen, dass ein so erfülltes Leben wie das des Hermann-Josef Weidinger als Kräuterpfarrer selbst zum Buch wird.

Es lässt sich immer öfter feststellen, wie groß die seelische Not der Menschen in unseren Tagen geworden ist. Der Wohlstand und alles gottferne Selbstzurechtgelegte bringen gleichzeitig eine Leere mit sich, die nicht wenige leiden lässt. Es ist oft die Unfähigkeit, mit dem eigenen Leben zurechtzukommen, da offenkundig das Leiden nicht sein darf. Weidinger hat diese Schattenseite unserer Existenz nicht angestrebt, um in ihr womöglich eine Satisfaktion auszukosten. Er hat aber die schmerzvollen Phasen angenommen und sie mit Sinn erfüllt, immer mit dem an der Seite, der als Erlöser den Weg übers Kreuz zur Verherrlichung gegangen ist. Und in den schier unzählbaren Hilfsweisen der pflanzlichen Natur hat er uns allen gezeigt, dass es möglich ist, den Schöpfer als den Mitleidenden zu finden, der uns auf Erden so manches zumutet, um dem eigentlichen Leben auf die Spur zu kommen. Ein Leben ist ein Buch. Lesen wir also gerade die Bände, die beherzte Vorfahren, charaktervolle und mutige Menschen wie Weidinger, uns hinterlassen haben.

Aus dem Tagebuch des Kräuterpfarrers, der die Menschen mochte, nach den schweren Verletzungen durch einen Verkehrsunfall 1984:

So, wie das Feuer
im Ofen brennt,
erwärmt
und stirbt,
möchte ich sein.

Wärme spenden,
Kälte vertreiben.
Still im Dienste
mich verzehren.
So möchte ich sein.

Leben
und
Leiden.

Benedikt Felsinger O.Praem.,
Karlstein, am 20. Oktober 2017,
Fest des sel. Jakob Kern

Was davor noch zu sagen wäre

Gelassenheit und Zuversicht

Unsere Welt, so scheint es, ist aus den Fugen geraten. Kriege, Flüchtlingsströme, Terroranschläge, selbstherrliche Staatsmänner, Solidaritätsschwund, Globalisierung, Klimawandel und weiß Gott, was sonst noch alles, machen uns Angst. Populisten in vielen Ländern schüren diese Ängste und profitieren davon. Angst und Panik führen zu Fehlentscheidungen. Sie machen das Übel nur noch größer.

Im Kräuterpfarrer-Museum in Karlstein ist in einer Schreibmaschine ein Blatt Papier eingespannt. Darauf der letzte Text, den Hermann-Josef Weidinger selbst geschrieben hat – just an seinem letzten Geburtstag, dem 86., am 16. Jänner 2004. Der Text, gedacht für eine Zeitungskolumne, ist unvollständig. Die Überschrift aber ist eine zeitlose Botschaft: *Gelassenheit und Zuversicht.*

Was kann man den Verantwortungsträgern in Politik und Wirtschaft, den Journalisten in all den Medien, was kann man dir und mir in einer gesundheitlichen oder seelischen Notlage wohl Besseres ans Herz legen, als mit einer Portion Gelassenheit und Zuversicht an die Dinge heranzugehen!

Die letzte Botschaft des Kräuterpfarrers, eine von vielen.

Wer schreibt, der bleibt!

Ja, er war ein unermüdlicher Prediger, ein »Augenöffner« für das Leben, für die Vielfalt und die Wunder der Schöpfung. Aber er hat uns nicht nur Botschaften vermittelt, sondern vielmehr unzählige praktische Ratschläge und Tipps – stets in gegenseitiger Ergänzung – gegeben: kaum eine Botschaft ohne praktische Anleitungen, kein Kräuterwissen ohne begleitende »geistige Nahrung«.

In die oben erwähnte Schreibmaschine, seine legendäre »Olympia«, hat er den Großteil der Manuskripte für unzählige Zeitungsartikel und vor allem für seine vierzig (!) Bücher selbst getippt – im »Adler-System«, ehe sie von Melitta Blaim in druckreife Form gebracht wurden, doch darüber später. Vierzig Bücher in etwa zwanzig Jahren, von seinem 63. bis zu seinem 84. Lebensjahr! Dazu unzählige Beiträge in verschiedenen Printmedien, monatlich, wöchentlich, täglich. Das macht ihm nicht gleich einer nach, weder schöpferisch noch physisch.

Als wir unmittelbar nach Weidingers Ableben von der Redaktion der auflagenstärksten Tageszeitung Österreichs gefragt wurden, wie es mit der täglichen Kräuterpfarrer-Kolumne weitergehen solle, war unsere Antwort: »Mit dem, was uns Weidinger hinterlassen hat, können wir die Kolumne auf Jahrzehnte bedienen!« Das war nicht übertrieben, denn immer noch unentbehrlich ist sein unerschöpfliches Vermächtnis. Wer schreibt, der bleibt!

Weidinger hat nicht nur viel *getippt*, er gab auch unendlich viele *Tipps*. Einige seiner Bücher nannte er *Guter Rat* … oder *Tipps* … Deshalb wollen wir gleich mit einigen Beispielen seiner *Tipps* ins Praktische einsteigen:

Lass Kräuter um dich sein!

Es ist schön, mit Kräutern zu leben. Möglichkeiten dazu gibt es viele, und man sollte sie ausschöpfen. Wie wär's zum Beispiel mit einem Stück Süden in unserem Garten? Kräuter im Steingarten verwandeln auch das kleinste Grundstück in ein Duftgärtlein: Thymian, Rosmarin, Weinraute,

Salbei, Dost, Bohnenkraut und Ysop fühlen sich im Steingarten sehr wohl und bringen auch ihren Duft mit. Wichtig sind ein trockener, sonniger Standort und eine mäßig kalkhaltige Erde. Es braucht nicht viel gegossen zu werden, höchstens nach einer längeren Trockenperiode und dann nur am Abend ...«

So geht es weiter mit den Kräutern im Garten sowie auf der Fensterbank und dem Balkon:

Auch die Zwiebel kann man im Blumentopf ziehen. Man kauft Saatzwiebeln und setzt in ein größeres Gefäß rundum im Abstand von 10 cm vier bis fünf Zwiebelchen. Ich würde hier nicht zu großen Wert auf die Knollen- beziehungsweise Zwiebelernte legen, sondern auf das Grüne der Zwiebel, auf die Blätter und Stängel. Blätter kann man ja einkürzen, und so hat man immer etwas Frisches für die Suppe. Zwiebel ist nicht nur Wasser treibend, sondern auch gut zum Ausgleich des Cholesterinspiegels. Das Zwiebelgrün fördert die Verdauung und regt den Appetit an.
Kräutertees richtig trinken: Nicht das ganze Jahr über den gleichen Tee! Teekuren im Rhythmus des Mondes, das heißt, drei Wochen hindurch, dann eine Woche Pause. Langsam und schluckweise genießen, nicht im Vorbeilaufen hinunterschütten, sondern sich niedersetzen. Etwa eine halbe Stunde nach dem Trinken meldet sich meist der Harndrang, daher die Zeit einteilen. Die günstigsten Zeiten sind morgens und abends, außer bei Tees, die die Verdauung ankurbeln, in diesem Fall eine halbe Stunde vor dem Essen.

In der Folge von Radio- und Fernsehsendungen wandten sich viele Menschen mit ihren Problemen an den Kräuterpfarrer, und dieser schüttelte neben vielen begleitenden Ratschlägen fast immer eine Teemischung aus dem Ärmel – zum Beispiel bei Herz- und Kreislaufbeschwerden: Frauenmantel, Weißdorn, Johanniskraut, Veilchengemisch (je 4 Teile), Anis, Basilikum, Pfefferminze (je 3), Arnika, Hirtentäschel (je 2), Thymian (1 Teil).

Weil man mit einem Sportschlitten nicht in den Himmel fährt ...

Die vorher angeführten Beispiele sind ein kleiner Auszug aus den 1986 als Taschenbuch erschienenen *Tipps von Kräuterpfarrer Weidinger*, redigiert von Dieter Dorner. Auf dem Buchumschlag liest man:

> Warum die Menschen den Kräuterpfarrer
> hören, sehen und lesen?
> Warum der Kräuterpfarrer jedem etwas zu sagen hat?
> Weil er mit der Natur lebt,
> das Ohr am Puls des Lebens hat.
> Weil er so redet, wie ihm der Schnabel gewachsen ist.
> Weil er an das, was er sagt, auch glaubt,
> das macht ihn glaubwürdig.
> Weil er keine leeren Phrasen drischt.
> Weil er urig wie ein Rindvieh ist.
> ... So sagen andere.

> Und was sagt er?
> Weil ich die Menschen liebe.
> Ob ich jemanden bevorzuge?
> Ja. Die Ärmsten und Leidenden.
> Weil das Leben so kurz ist
> und man nicht genug Gutes tun kann.
> Weil das Leben so schön ist,

wenn man Leben achtet und schützt.
Weil man mit einem Sportschlitten
nicht in den Himmel fährt,
sondern Tag für Tag mühselig hinaufklettern muss.
Weil für mich der schönste Urlaub Arbeitswechsel ist.
Weil ich an das Gute in jedem Menschen glaube.
Weil jeder Mensch für mich einmalig
und von unendlichem Wert ist.
Weil nicht das zählt, was andere von mir halten,
sondern was ich anderen Gutes tun kann.

Ob das kein Lebensprogramm ist?

Kräuterpfarrer?

Kräuter sind heute mehr denn je »in«. Zeitungen und Illustrierte bemühen sich, mit Artikeln und regelmäßigen Kolumnen diesem Trend gerecht zu werden. In Radio und Fernsehen geht es fast täglich um Kräuter in Küche und Hausapotheke. In modernen Sozialmedien kann man alles Wissenswerte darüber erfahren. An allen Ecken werden Kräuter und Kräuterprodukte angeboten.

Kräuterkenner, in der Mehrzahl weiblich, ob sie sich nun Kräutertanten, -feen oder -hexen nennen, pflegen Kräutergärten und führen Kräuterwanderungen in der freien Natur. Wozu bedarf es da noch eines Kräuterpfarrers?

Den französischen Kräuterexperten Maurice Mességué (geb. 1921) nannte man »Kräuterpapst«. Er war allerdings nicht von geistlichem Stand. Nun, es muss nicht gleich ein Papst sein, es genügt schon ein (wirklicher) Pfarrer. Weidinger hatte mit Mességué persönlichen Kontakt – auf Augenhöhe –, aber auch mit zwei (wirklichen) Päpsten, mit Paul VI. und mit Johannes Paul II.

Und dass heute Heilkräuter so »in« sind, daran haben Pfarrer Weidinger und der Verein »Freunde der Heilkräuter« einen nicht unerheblichen Anteil.

»Ich dachte, das müsste ein altmodischer Typ sein«, sagte mir ein Besucher in unserem Kräuterpfarrer-Weidinger-Ausstellungsraum in Karlstein und war danach wahrscheinlich eines Besseren belehrt.

Benedikt Felsinger O. Praem., die jüngere Ausgabe der »Marke Kräuterpfarrer«, der zu diesem Buch das Vorwort geschrieben hat, ist ein recht lustiger Kerl. Zur Predigt geht er oft in den Mittelgang der Kirche – zu den Menschen. Eine Ausnahme davon erlebte ich bei der Floriani-Messe im Stift Geras, Benedikt ist nämlich auch Feuerwehrkurat: Nachdem er in Feuerwehruniform mit den Kameraden und Kameradinnen in die Kirche eingezogen ist, zieht er schnell das Messgewand über und feiert die Messe; zur Predigt steigt er ausnahmsweise auf die sonst verwaiste Kanzel – den Mittelgang füllt ja die Feuerwehr – mit der Begründung: »Ich bin nicht so groß wie mein Mitbruder Conrad (der Stiftspfarrer), also muss ich hier herauf.« – Und ein Kräuterseminar-Teilnehmer schrieb ins Gästebuch: »Besonders zugesagt hat mir die Kompetenz der Vortragenden und der erdige Schmäh von Herrn Benedikt!«

»Herr« Benedikt? – Die Prämonstratenser-Chorherren im weißen Habit spricht man mit »Herr« an und nicht mit »Pater« wie die Benediktiner und Zisterzienser. Und auch Benedikts großes Vorbild, Hermann-Josef Weidinger, hatte diesen erdigen Schmäh, war »urig wie ein Rindvieh«.

»Benedikt« und »Weidinger« – der Vorname des einen und der Familienname des anderen, so sind sie den meisten geläufig. Wir sagen gerne, wir haben einen Kräuterpfarrer auf Erden und einen im Himmel. Aber dorthin kommt man eben nicht mit einem Sportschlitten!

Tausende … ja Millionen Menschen

Warum sich ein Pfarrer mit den Kräutern befasst? Der soll sich doch um seine »Schäflein« kümmern. Keine seiner mehreren Hundert »Seelen« in der Pfarre Harth bei Geras hat sich je darüber beklagt, dass Pfarrer Weidinger sich zu wenig um sie gekümmert hätte. Im Gegenteil, sie waren sehr stolz darauf, dass ihr Pfarrer außer ihnen auch noch Tausende andere Schäflein hatte:

- die Tausenden Menschen, die sich persönlich, telefonisch oder schriftlich an ihn wandten und denen er in ihren Sorgen und Problemen Trost und Hilfe spenden konnte,
- die Mitglieder seines Vereines »Freunde der Heilkräuter«, um die 20 000 weltweit, denen er vierteljährlich die Zeitschrift *Ringelblume* widmete,
- die Besucher seiner Vorträge – in 24 Jahren (1980–2003) im Schnitt hundert pro Jahr (in den besten Jahren jeweils über 200), oft überfüllte Säle, dazu Hunderte Teilnehmer an seinen Kräuterwanderungen und Seminaren, die Zahlen liegen sicher im sechsstelligen Bereich,
- die Leser seiner täglichen Kolumne in Österreichs meistgelesener Tageszeitung, der *Kronen Zeitung,* und zahlreicher anderer Artikel sowie seiner Bücher, die Zuhörer und Zuseher seiner unzähligen Auftritte in Hörfunk und Fernsehen … Millionen Menschen, die den Kräuterpfarrer »hören, sehen und lesen«, wie es eingangs hieß.

»Nicht alle meiner Mitbrüder haben die Möglichkeit, so viele Menschen zu erreichen«, sagte Weidinger. »Wo immer ich spreche, spreche ich als Priester.«

Auch wenn er Tausende oder Millionen Menschen erreichte, war er nicht »abgehoben«, redete er nie über die Köpfe hinweg. Es ging ihm immer um den Einzelmenschen, um das Du. Stets nahm er sich Zeit zuzuhören, um dann persönlich Rat zu geben und Trost zu spenden.

Sowohl Weidinger als auch Benedikt wurden gelegentlich zu einer »Most-Taufe« eingeladen, natürlich im Mostviertel. Was lässt man einen Pfarrer nicht alles segnen! Autos, Pferde, die Jägerei, Kräuter und den Wein … Er macht sich damit volksnah und findet so auch zu Menschen Zugang, die der Kirche sonst eher fernstehen. Der »Weinpfarrer« segnet dort und da den Wein, kostet, kennt ihn wohl auch und ist gern gesehener Gast bei Festen und in den *Seitenblicken*. Einen »Kräuterpfarrer« stellen sich viele ähnlich vor. Weidinger war wohl auch gern gesehener und humorvoller Gast, hat gesegnet, vielleicht manches auch gekostet. Dass er mit seinem Lebenswerk aber in einer ganz anderen Kategorie steht, das darzustellen, ist das Ziel dieses Buches. Anlass dafür ist der hundertste Geburtstag von Hermann-Josef Weidinger.

Der Priester und die Druidensichel

Kneipp, Künzle, Pühringer, Rauscher, Weidinger, Felsinger … Weidinger war nicht der einzige, auch nicht der erste oder der letzte Kräuterpfarrer. Der rote Faden geht mindestens zurück bis zu Albertus Magnus und Hildegard von Bingen – diese war Äbtissin, jener Bischof.

Sebastian Kneipp (1821–1897) ist der Gesundheitspfarrer schlechthin. Unzählige Kuranstalten berufen sich auf ihn und seine Heilmethoden. Wenn er es auch hauptsächlich mit dem Wasser hatte, so waren doch auch für ihn die Heilkräuter wichtig. Was Kneipp für Deutschland ist, ist Johann Künzle (1857–1945) für die Schweiz und Weidinger für Österreich. Diese drei folgen nach jeweils einem halben Jahrhundert aufeinander. Mit Weidinger zusammen muss man Maria Treben und Karl Rauscher nennen – doch darüber später.

Kräuterpfarrer Benedikt Felsinger hat zu seinem fünfzigsten Geburtstag bei der Kräutersegnung in der Kirche eine Sichel überreicht bekommen, keine goldene, sondern eine aus Damaszener-Stahl. Ist es nicht ein Sakrileg, einem katholischen Pfarrer eine heidnische Druidensichel, wie wir sie aus der Asterix-Lektüre kennen, wo Miraculix damit die Misteln für seinen Zaubertrank schneidet, zu schenken?

Ob keltischer Druide, buddhistischer Mönch oder christlicher Pfarrer – es war immer schon eine priesterliche Aufgabe quer durch die Religionen, die Kräfte der Natur – auch in Form der Heilkräuter – zu nutzen und den Menschen die Augen zu öffnen für das, was wir Schöpfung nennen.

Lasst mich vom Leben reden

Ein Kieselstein – lass mich sein

Kieselsteine
hab' ich gern
und sammle sie mit Leidenschaft.
Aus dem Geröll.
Halte sie
in meiner Hand.
Erleb ihr Schicksal.

Getrieben.
Gestoßen.
Geschliffen.
Unten am Grunde
des Flusses.
Den Blicken verborgen.
Über sich
dahingleitendes Leben.
Milliarden Tropfen
zu Wellen vereint,
verleihen Form durch Schliff.

Ein Kieselstein
in Deiner Hand,
Herr,
lass mich sein!

Hermann-Josef Weidinger

Es ist dies nicht die erste Biografie über das Leben und Wirken von Kräuterpfarrer Weidinger. Elfriede Wagner hat ihre Diplomarbeit zum Mag. phil. an der Uni Wien *Kräuterpfarrer Weidinger – ein Protagonist der alternativen Heilkulturwissenschaft – eine volkskundliche Erhebung zum Problemfeld der Volksmedizin* 1996, zu Weidingers Lebzeiten, verfasst. *Kräuterpfarrer Hermann-Josef Weidinger* ist der Titel der Diplomarbeit zur Ausbildung als Diplomierte Blütenberaterin (Bach-Blüten) von Heide Kober (2005). Die ausführlichste und authentischste Grundlage für dieses Buch bildet Weidingers Autobiografie *Lasst mich vom Leben reden* (1990). In dieser erzählt er allerdings nur bis zum Jahr 1980, jenem Jahr, in dem er mit dem Einstieg in den Verein »Freunde der Heilkräuter« als Kräuterpfarrer an die Öffentlichkeit trat. Er schließt dort lakonisch: »Alles andere ist mehr bekannt als mir lieb.« Anno 1980, da hatte er noch 24 Lebensjahre vor sich. In einem Leserbrief zu diesem Buch heißt es: »Man sollte es jedem Österreicher zur Pflichtlektüre machen – wenn man liest, was ein Mensch alles auszuhalten imstande ist – wo wir doch so gerne über alles raunzen ...!«

Weidinger hat außerdem spätere Skizzen zu einer Autobiografie hinterlassen, aber auch in seine Bücher hat er immer wieder Erlebnisse, Begebenheiten und Erfahrungen aus seinem Leben eingewoben. Ohne Eigentumsrechte zu verletzen, ist es oft notwendig, wörtlich daraus zu zitieren – denn Weidingers »O-Ton« ist unersetzlich! Längere Zitate daraus sind in anderer Schrift gedruckt.

Schließlich hat die Vereinszeitschrift *Ringelblume* Pfarrer Weidingers Weg ab 1980 begleitet, beziehungsweise war sie sein Sprachrohr. Als *Ringelblume*-Redakteur der ersten Stunde (1978) war ich selbst der Chronist seines Wirkens. Es erfüllt mich mit gewissem Stolz, dass ich zusammen mit Melitta Blaim, seiner »rechten Hand«, Aloisia Hadraba, seiner Pfarr-

Haushälterin, und unserem Herrn Benedikt zu den engsten Begleitern von Hermann-Josef Weidinger zählen darf.

Jeder Tag zählt. Weidinger wusste immer, den wievielten Tag seines Lebens er beschritt. »24 145« schrieb er auf einen Zettel, denn sprechen konnte er nicht aufgrund der Beatmungsmaschine im Wiener AKH einen Tag nach seinem schweren Unfall am 23. Februar 1984. Es war die Antwort auf die Frage nach seinem Alter. Am 21. März 2004 hat er seine irdische Laufbahn vollendet – am 31 477. Tag seines Lebens.

So will ich also versuchen, den Weg dieses außergewöhnlichen Menschen nachzugehen – und beginne vor dem »Tag 1«.

Er hätte gar nicht zur Welt kommen sollen

Frain an der Thaya im damals deutschsprachigen Südmähren, tschechisch Vranov nad Dyjí, mit dem prächtigen Barockschloss, erbaut von Johann Bernhard Fischer von Erlach, auf einem Felsen hoch über dem Fluss: Ende Mai des Jahres 1917 rastet ein Ehepaar auf der steinernen Sitzbank unter einem Kastanienbaum, von wo aus man hinüber zu diesem Traumschloss sieht. Sie sind auf dem Heimweg von der Ordination des Arztes. Diagnose: Die Frau ist guter Hoffnung.

Der Arzt hat allerdings dringend davon abgeraten, das Kind auszutragen, denn die Frau leidet noch immer unter einer inneren Verletzung, die sie sich bei einer früheren Geburt zugezogen hat. Ein Fläschchen hat ihr der Arzt mitgegeben: »Täglich ein Esslöffel. Wenn das Fläschchen leer ist, dann kommen Sie! Wir dürfen keine Zeit verlieren.«

Der Blick der beiden fällt auf das Bild der Schmerzhaften Muttergottes auf dem Kastanienbaum über ihnen. Schweigend umarmen sie einander und beten. Achtung vor dem keimenden Leben streift jede Ängstlichkeit ab. Vertrauen und Zuversicht ziehen in ihre Herzen ein. Unwillkürlich erheben sich beide gleichzeitig. Die Frau greift in ihre tiefe Faltenkitteltasche, holt das Fläschchen heraus, der Mann kommt ihr mit seiner Hand auf halbem Weg entgegen. Ein Klirren. Splitterndes Glas auf hartem Fels zerreißt die Stille. »Muatta, miar hom a Vertraun auf'm Herrgott.« »Voda, und der verlosst uns nit.« Mitte Jänner nächsten Jahres kommt ein Bub zur Welt.

Jänner 1918

Eine Zeitenwende steht bevor: Noch glaubt man nicht daran, dass der Krieg praktisch schon verloren ist. In den Städten ist allerdings die Not bereits spürbar. Mit dem alten Kaiser, der im November 1916 die Augen schloss, ist auch die Monarchie alt geworden. Die Völker streben auseinander. Vor allem die Tschechen wollen das Habsburger-Joch, das sie stets als Bevormundung empfanden, abschütteln. Und in Österreich, anstatt das Gemeinsame zu sehen, gibt man sich immer mehr »deutsch« (wie es in vielen Wahlsprüchen und Namen von Vereinen zum Ausdruck kommt).

In mehreren Waldviertler Schlössern sind immer noch Kriegsgefangene interniert, in Karlstein etwa der gesamte Generalstab des Fürstentums Montenegro, bewacht von Bosniaken. Diese sind bis zum Schluss treu und verlässlich.

Dazu eine Begebenheit, die sich mir aus der Erzählung meines Geschichtslehrers eingeprägt hat und von der auch Weidinger Kenntnis hatte, weil sie sich just am 15. Jänner, einen Tag vor seiner Geburt, ereignet hat. Er hat sogar das Protokoll der Staatspolizei darüber ausfindig gemacht: Vor dem Rathaus in Wiener Neustadt stehen dicht gedrängt 5000 bis 6000 Arbeiter der Daimler-Werke, Lokomotivfabrik, Flugzeugfabrik und der Radiatorenwerke, um gegen die Kürzung der Lebensmittelrationen zu demonstrieren. Sie sind nahe daran, das Rathaus zu stürmen, wo man allerdings friedlich mit einer Delegation verhandeln will. Da marschiert ein Zug Bosniaken von der Ungargasse her auf den Hauptplatz zu. Unerschrocken stellt sich der Kommandant der schwierigen Aufgabe. Er befiehlt, im Gänsemarsch mit aufgepflanztem Bajonett schnurgerade durch die Menge in Richtung Rathausportal zu marschieren, sodass eine schmale Gasse entsteht. Dann: »Rechts und links um!« Das heißt, der Erste rechts, der Zweite links usw. Die Menge weicht vor den Bajonettspitzen auseinander. »Einen Schritt vorwärts Marsch!« – also in die Breite, womit eine Gasse bis zum Rathaus entsteht. Aus dem nun geöffneten Portal schießt eine Kanone in die Luft. Die Demonstranten sind geschockt, es gibt kein Blutvergießen und die Delegation wird ins Rathaus eingelassen …

Mit Weidinger konnte man über Gott und die Welt reden. So plauderten wir auch über dieses spektakuläre Ereignis. Und er schrieb darüber in seinem Buch *Lasst mich vom Leben reden*.

Nicht mit Scheuklappen oder mit Tunnelblick nur in eine Richtung, sondern rundum schauen, Querverbindungen wahrnehmen. So war Weidinger!

Ankunft

Am 16. Jänner 1918, einem Mittwoch um 9 Uhr Vormittag, kommt in Riegersburg, Niederösterreich, ein Bub zur Welt und wird am Samstag darauf in der Pfarrkirche Felling auf die Namen Heinrich Anton getauft: Heinrich wie der Vater, Anton nach dem im Krieg gefallenen Onkel. Namenspatrone sind der heilige Kaiser Heinrich II. – seine Steinfigur steht an den in den Himmel ragenden Mauern des Bamberger Domes – und Antonius von Padua, Franziskaner, Bettelmönch und unermüdlicher Reiseprediger, dessen Anstrengungen über die Menschenkraft hinausgingen. Erst mit dem Eintritt in das Prämonstratenser-Stift Geras anno 1954 nimmt Weidinger den Ordensnamen Hermann-Josef an. Er hielt stets den Namenstag für wichtiger als den Geburtstag: »Einen Geburtstag hat jedes Kalb, einen Namenstag nur die Leut'.«

Geburtstag am Mittwoch, Tag des heiligen Josef. Tauftag am Samstag, Tag der Gottesmutter Maria. Per Mariam ad Jesum. »Jesus, Maria und Josef, euch schenk ich mein Herz und meine Seele. Jesus, Maria und Josef, steht mir in meinem Todeskampfe bei! Jesus, Maria und Josef, möge mit euch meine Seele in Frieden scheiden! Amen.« Dieses Gebet begleitete ihn zeitlebens, und alle seine Manuskripte tragen am oberen Blattrand die Initialen JMJ, gekrönt von einem Kreuz.

Das Elternhaus steht direkt gegenüber von Schloss Riegersburg, einem Barockbau, der aber nicht wie Frain auf hohem Fels steht, sondern von Wasser umgeben ist. Hier residierten die Khevenhüller, eine bedeutende Adelsfamilie, seit 1763 im Reichsfürstenstand. Blasmusikfreunde kennen den Khevenhüller-Marsch. Die Nachkommen der Khevenhüllers, die Grafen Pilati, denen auch die nahe Burg Hardegg gehört, nennen ihren Sitz neuerdings »Ruegers«, nach dem mittelalterlichen Namen, um die ewige Verwechslung mit der bekannten steirischen Riegersburg zu unterbinden. (Ob's gelingt?)

Bei uns daheim

Heinrich war ein Bauernkind, hellhörig und neugierig, der Natur und den Menschen verbunden. Seine Eltern, seine beiden Brüder (der jüngere behindert), die einfachen Leute im Dorf, auch die Tiere auf dem Bauernhof, die Bäume und die Blumen prägten seine Kindheit, und er verewigte sie und ihre Geschichten in seinen Büchern: die Bettler-Resl, den Wagenschmier-Heinarich, den Holzschuh-Jandl, die Lösch-Marie und alles, was er von ihnen lernen konnte.

Er erzählt auch über die Judengemeinde im nahe gelegenen Schaffa (Šafov) jenseits der tschechischen Grenze, wohin man einkaufen ging. Die Juden, aus dem Kernland Niederösterreich verdrängt, hatten sich dort angesiedelt. Judenfriedhöfe in Schaffa und Piesling (Písečné) geben noch heute Zeugnis davon.

Vor allem aber war Heinrich ein glückliches Kind: »So klein meine Welt, sie schien mir voll Sonne.«

Wenn ich mich zurückerinnere, sehe ich mich in einem einfachen, schlichten Bauernbett liegen. Es ist Abend. Der erste Schlaf ist vorüber, der Mond scheint beim vergitterten kleinen Stubenfenster herein. Nebenan die Futterkammer, und drüben stehen die Pferde. Meine Augen aber blicken hinauf zur Holzdecke der uralten Stube, die einige Male schon übertüncht worden ist. Feste Tramen, feste Balken, tragen das Heu, das am Dachboden liegt. In diesen Tramen sind kleine Rillen, da steckte ich gerne meine Sägeblätter hinein, mit denen ich im Winter Laubsägearbeiten machte. Daneben große Nägel und darauf runde Holzstäbe. Und an diesen Holzstäben hingen auf Schnüren luftgetrocknete, dünne Würste. Es war ein Rezept des Vaters, der mit verschiedenen Kräutern, mit Schweine-, Schaf- und Rindfleisch diese Würste machte – sein eigenes Rezept ... Ich sehe noch den Sack von der Decke hängen, in dem die Apfelspalten, die Birnen und Zwetschken trockneten. Die weichte die Mutter ein und reichte sie als Zuspeise, wenn es Semmelknödel gab ...

Bäume veredeln statt singen

In die Schule ging ich gern. Beim Gesangsunterricht aber sang ich zu laut und zu falsch, deswegen wurde ich in den Garten geschickt, wo ich frühzeitig das Veredeln lernte, das Pfropfen und Äugeln. Oben in der Klasse erklang das Lied *Am Brunnen vor dem Tore*. Unten im Garten veredelte ich im Geheimen die verschiedensten Apfel- und Kirschbäume an ihren Ästen.

So erzählt Weidinger selbst. Das Edelreis wusste er schon rechtzeitig zu besorgen und daheim im Keller in Sand zu lagern. Jahre später trugen die Bäume fünf bis sieben verschiedene Sorten. Als er dann bereits alt geworden war, sprach man immer noch von den »Weidinger-Pfarra-Wunderbamln«. Die russische Besatzung machte ihnen später den Garaus. Zu dieser Zeit aber war Weidinger schon weit weg von daheim, in China.

Nach sechs Jahren Volksschule in Riegersburg bestand er die Aufnahmeprüfung in die Bürgerschule Frain und wurde gleich in die zweite Klasse aufgenommen. Während in Österreich ab 1927 die Hauptschule die Bürgerschule ersetzte, blieb man in der Tschechoslowakei noch im alten System: fünf Jahre Volksschule und drei Jahre Bürgerschule. Weidinger war also zum Grenzgänger geworden, denn 1919 war aus der niederösterreichisch-mährischen Grenze eine Staatsgrenze geworden. Es wurde aber da wie dort Deutsch gesprochen – bis 1945.

Die Tschechoslowakei, die nach dem Krieg wirtschaftlich wesentlich besser dastand als Österreich, ging daran, an der Thaya oberhalb von Frain ein großes Stauwerk zu errichten. Es entstand der etwa zwanzig Kilometer lange Frainer Stausee, wobei der Ort Vöttau (Bítov) überflutet und auf der Hochfläche neu aufgebaut wurde.

Den etwa sieben Kilometer langen Schulweg ging Heinrich Weidinger stets zu Fuß. Eines Tages faszinierte ihn ein Hirschrudel so, dass er zu spät in die Schule kam, was ihm den Spitznamen »Hirsch« einbrachte.

»Bei dem Sauweda jaugt ma koan Hund aussi«, sagte die Mutter eines Tages im Winter. »Schul ist Schul, a wonn da Himmi owafollt«, war die Antwort des pflichtbewussten Schülers. Also spannte der Vater die Pferde ein und brachte den Jungen bei ärgstem Schneesturm zur Schule. Dort erwartete ihn der Klassenvorstand und vermerkte seine eigene und des einzigen Schülers Anwesenheit im Klassenbuch, denn außer Heinrich war niemand gekommen.

Sein Sitznachbar war der Schubert Franzl. Mit dem berühmten Komponisten hatte er nur den Namen gemeinsam. Franzl war ein Waisenbub aus Nordmähren und hatte immer Hunger. »Ich hatte jeden Tag von daheim einen Apfel mit«, erzählt Weidinger, »und der Franzl bat mich jedes Mal um die ›Puatzn‹, also um das, was beim Apfelessen übrig bleibt. Ich brachte es nicht übers Herz – und gab ihm den ganzen Apfel. Von da an hatte ich jeden Tag zwei Äpfel im Schulsack.« Dazu schreibt er in einem Buch: »Wenn ich sehe, wie die Äpfel da und dort gar nicht geerntet werden, wie sie draußen liegen bleiben, da tut mir das Herz weh – und ich denke an den Schubert Franzl von damals.«

1932 schloss Heinrich Weidinger die Bürgerschule ab. Sein Gärtnertalent war auch hier nicht verborgen geblieben: Klassenvorstand August Schwabensky übertrug ihm den Schulgarten und brachte ihm das Bestimmen von Pflanzen bei. Er wollte aus ihm um jeden Preis einen Gartenbauarchitekten machen und ihn an die Höhere Obst- und Gartenbauschule nach Eisgrub schicken. Das Liechtenstein-Schloss Eisgrub (Lednice) nahe der Mündung der Thaya in die March mit seiner riesigen Gartenlandschaft ist auch heute eine Perle in Tschechien.

Weidinger aber wollte nicht dorthin.

Die Agnes-Basl

Die Agnes-Basl, meine Großtante, hatte immer Kräutln in ihrem Haus. In jedem Zimmer waren sie zum Trocknen und Lagern aufgehängt. Ich habe mir damals nicht viel über das »Kräuteln« gedacht, ging aber gern zu dieser Großtante. Sie machte sich auch ihren eigenen Kaffee – aus Zichoriewurz, getrockneten Feigen, gebrannter Gerste und geröstetem Getreide. Ein schmackhafter Kaffee war das, ich hab' ihn oft getrunken.

Als Heinrich noch in die Volksschule ging, wollte sie, dass er einmal Pfarrer würde. Bei den Franziskanern in Brünn sollte er studieren. »Wenn sie will, kann sie selbst Pfarrer werden. Ich werd' keiner!«, war seine Antwort.

Als er sich sieben Jahre später, nach der Bürger- und Aufbauschule, für eine geistliche Laufbahn entschied, schrieb er seiner Großtante und bat sie um ihren Segen. Sie war im neunzigsten Lebensjahr und »pumperlgesund«. Eines Tages ließ sie den Pfarrer kommen und befahl ihm in ihrer etwas barschen Art, er möge sie versehen, sie würde sterben. Sie lag jedoch gar nicht im Bett, und der Pfarrer empfand das Ansinnen als »Frozzelei«. Er erfüllte ihr aber ihren Wunsch – und zwei Tage später starb sie.

»Die Ernte ist groß, aber der Arbeiter sind wenige …«

Zunächst war Weidingers Ziel, Lehrer zu werden. Er bestand die Aufnahmeprüfung in Wien Strebersdorf, doch wurde er dort nicht ins Internat aufgenommen. Sein Abgangszeugnis von der Bürgerschule war kein österreichisches, sondern ein tschechisches, und bei dem herrschenden Platzmangel hatten die Österreicher Vorrang.

Kurz entschlossen fuhr er mit dem Fahrrad nach Horn und trat dort nach bestandener Prüfung in die Aufbaumittelschule ein. Zu seinen Konviktskollegen zählten Rudolf Kirchschläger und Karl Rauscher, mit denen er im späteren Leben noch zu tun haben sollte.

»Tief drinnen im Herzen saß eine stille Hoffnung, die ich noch nicht auszusprechen wagte.« Exerzitientage während der Allerheiligen-Ferien im Stift Altenburg gaben den Anstoß, und eine Bibelstelle wurde maßgeblich für Heinrichs weiteren Lebensweg: »Die Ernte ist groß, aber der Arbeiter sind wenige. Bittet also den Herrn der Ernte, Arbeiter für seine Ernte auszusenden« (Mt. 9, 37–38). Heinrichs nächster Schritt führte ins Missionshaus der Salesianer Don Boscos in Unterwaltersdorf südlich von Wien. Noch ein entscheidender Anstoß kam hinzu, ein Bote aus China:

> Wie vom Himmel herab geholte Sterne, so funkelten die Augen. Eine magische Kraft strahlten sie aus. Und dazu der riesige Vollbart. Da stand er wie ein Prophet, der das Volk Gottes zum sicheren Ziel geleitet. Wahrlich ein Knecht des Herrn, das war er für mich dieser Missionsbischof aus China, Ignazio Canazei, gebürtig aus Südtirol. Auf kurzem Heimaturlaub hatte er in »UW« (Unterwaltersdorf, Anm.) vorbeigeschaut. Die Luft war schwanger vom Führermythos. Jetzt hatte ich »meinen Führer« gefunden. »China, China, China …« Seine Stimme donnerte durch die Hallen des Hauses. – Seit diesem Tag fand ich keine Ruhe mehr.

Der Entschluss war gefasst: Auf nach China! Am 5. Mai 1938 nahm Weidinger Abschied von zu Hause. Seine Eltern sollte er das letzte Mal sehen – »… in diesem Leben«.

Der Vater ging mit ihm durch Felder und Wiesen, um ihm ein Säckchen voll mit Heimaterde mitzugeben. Die Mutter erzählte ihm zum ersten Mal von der Begebenheit von vor etwas mehr als zwanzig Jahren unter dem Kastanienbaum in Frain.

Zuerst ging es nach Italien – drei Monate Sprachstudium in Penango bei Turin – und dann mit dem Schiff nach China. Vom 27. Juli bis zum 13. August 1938 dauerte die Überfahrt von Genua nach Hongkong.

15 Jahre im Reich der Mitte

Noviziat in Hongkong (1938-40)

Die 15 Jahre im Reich der Mitte von 1938 bis 1953, von seinem
21. bis zu seinem 36. Lebensjahr, waren die prägendsten in Weidingers Leben, und man kann sie am besten mit seinen eigenen
Worten wiedergeben:

China, meine große Liebe. Die Sieben Weltwunder. Was
sind sie schon, die berühmten Bau- und Kunstwerke des
Altertums, verglichen mit den Werken der chinesischen
Kunst.
Ich liebe meine Ahnen. Sie aber gingen lange noch mit Pfeil
und Bogen in unseren Wäldern auf die Jagd, als die Weisen
aus dem Reiche der Mitte bereits ihre literarischen Werke
verfassten, die für Jahrtausende geschaffen sind. Ich lernte
sie lesen. Will man dem edlen Volk im Osten die Botschaft
des Evangeliums bringen, muss man einer von ihnen werden. So wie Paulus »Grieche mit den Griechen« ward. Die
Seele des Chinesen kann nur richtig verstehen, wer versucht hat, den Zugang zur chinesischen Philosophie und
Literatur zu finden. Du musst die Sprache dieses Volkes
sprechen, um seinen Gedankengängen folgen zu können.
Nur so kannst du den Menschen »Chinese« hinführen zu
Gott.
Das Erlernen der Sprache in Wort und Schrift gehörte von
nun an zu meiner täglichen Arbeit. Gleichzeitig aber musste
die Wandlung in mir im tiefsten Inneren beginnen. Das
geschah im Noviziat in der »Dunklen Bucht«, in Sao Kei-
wan.

Die erste Nacht in Hongkong war eine schlaflose. Weidinger sah die dahingleitenden Lichter der Dampfer, die durch die Meeresenge den Hafen passierten, und hörte die schrillen Töne ihrer Sirenen. Das Säckchen Ackererde vom Elternhof streute er im Garten des Missionshauses aus: einige Krumen Heimaterde auf gelbbraunem Lössboden, ein Stück Heimat in der Fremde, Verbundenheit mit der Wirklichkeit des Lebens.

Am 28. Oktober 1938 wurde er mit Kolar und schwarzem Talar eingekleidet. »Zieh an den neuen Menschen. Ablegen alles Alte. Ja, das wollte ich. Räumte meinen Schiffskoffer aus, gab alles, was ich nicht benötigte, dem Novizenmeister.« Seinen beiden Vornamen fügte er den Namen Maria hinzu: Heinrich (Anton) Maria.

Pater Johann Matkovics, ein gebürtiger Ungar, sprach fließend Deutsch. Weidinger kannte ihn gut. In seinem Missionsgebiet Yan Fa hatte sich der 1936 ausgebrochene Chinesisch-Japanische Krieg besonders bemerkbar gemacht. Die Fremdenfeindlichkeit hatte stark zugenommen. In jedem Ausländer sah man einen Spion. »Pak kwai«, weißer Teufel, war die gängige Bezeichnung für Europäer.

Gegen Ende 1938, die finanzielle Lage der Mission war verheerend, wies Bischof Canazei die Missionare an, gewährte zinsenlose Anleihen einzufordern. Am Morgen des 2. Februar 1939 fand man wenige Kilometer außerhalb des Ortes Yan Fa den Kopf eines Weißen auf einen Pfahl gespießt … Der Novizenmeister erzählte vom tragischen Tod Don Matkovics', nicht ohne hinzuzufügen, dass alle bereit sein müssten, dasselbe Schicksal zu teilen. Später erfuhr man die Hintergründe des Mordes: Drei Nichtchristen schuldeten der Mission eine beachtliche Summe. Sie heuerten Mörder an, um den Pater umbringen zu lassen. Es sollte nicht der einzige Mord an einem Mitbruder bleiben, den Weidinger in China miterlebte.

Das Ordensgelübde legte Heinrich Maria Weidinger am 29. Oktober 1939 ab und übersiedelte in das im selben Ort befindliche »Studentat«, in welchem er Philosophie, chinesische Literatur, Theologie und Sprachen studierte und in gänzlicher Abgeschiedenheit lebte.

Inzwischen war in Europa der Krieg ausgebrochen. Als »deutscher« Staatsbürger musste sich Weidinger wöchentlich bei der Polizei melden. Am 5. Juni 1940, als die Deutschen in Frankreich einmarschierten, schoben ihn die Engländer noch in der Nacht von Hongkong nach Macao ab. Zwei Polizisten holten ihn aus dem Bett und brachten ihn auf den Liniendampfer Kwang Si, der um Mitternacht die Anker lichtete. »Unten im Frachtraum zwischen Schweinen, Hühnern und Gänsen fand ich ein Plätzchen …«

Macao (1940-51): Medizinische Praxis …

Macao, die portugiesische Provinz vor den Toren Chinas, war von Flüchtlingen überflutet. Das Missionshaus ächzte aus allen Fugen. Über 700 Buben besuchten die Schule, arbeiteten in den Werkstätten. Viele waren Waisen, ihre Eltern waren auf der Flucht von den Japanern erschossen oder erschlagen worden.

Die Ordensgemeinschaft war international. Den größeren Anteil hatten die Italiener, man sprach daher Italienisch. Der Nachwuchs aus China nahm beständig zu.

Das feuchtheiße Klima machte Weidinger schwer zu schaffen. Schwindelanfälle, arge Kopfschmerzen, Krämpfe und Schüttelfrost fesselten ihn für längere Zeit ans Bett und behinderten den Fortgang des Studiums. »Gesund war ich nicht. Es ging mir auch nicht gut. Anderen aber erging es noch viel schlechter.« Also wurde er trotz vieler Schmerzen Assistent des Leiters der Krankenabteilung im Waisenhaus der Mission, »Orfanato« genannt. Doktor Antonio Nunes da Costa, ein portugiesischer Militärarzt, hatte durchgesetzt, dass Weidinger zu regelmäßigen Kursen ins staatliche Militärkrankenhaus kommen durfte. Die Ausbildung beschränkte sich nicht nur auf Tropenkrankheiten, sondern gab ihm auch das Rüstzeug zur Allgemeinbehandlung. Zusätzlich konnte er regelmäßig nach Kanton in die »Provinz-Akademie für Chinesische Medizin« fahren. Den Zugang zur Chinesischen Heilkunde verdankte er auch dem chinesischen Pfarrer Li von der Rochuskirche in Macao.

Die Chinesische Medizin hat sich aus einer schillernden Mischung aus Mythos und Wahrheit, aus Aberglaube und Volksweisheit entwickelt, wurde aber bereits 500 Jahre vor Christus zu einer Wissenschaft, zu einem wesentlichen und unabdingbaren Element der chinesischen Philosophie und des chinesischen Denkens. In Kanton lernte Weidinger auch Akupressur in Theorie und Praxis.

Die Zahl der Kranken in der Abteilung stieg zusehends, überschritt schließlich die vierzig. »Tag und Nacht hatte ich sie zu betreuen, zu waschen und zu tragen. Je mehr Arbeit ich hatte, umso mehr Fähigkeiten entwickelte ich. Brach oft vor Erschöpfung zusammen. Doch es ging weiter, weil es eben weitergehen musste.«

… und Buchverlag

Unterdessen nahm Weidinger das Studium wieder auf und sein Chinesisch machte Fortschritte: »Fleißig lernte ich Chinesisch. Alle akzeptierten mich als einen von ihnen im Fach. Daheim lernte ich weiter, las bald einschlägige Literatur in chinesischer Sprache mithilfe meines Sprachlehrers und fing an, Bücher zu übersetzen.«

Es gab in der Missionsstation einen körperbehinderten Jungen namens Leung Wah-wong. Während seiner Internatszeit als Buchdruckerlehrling hatte er jede Minute genützt, um zu lesen und sich weiterzubilden. Weidinger nahm Kontakt mit ihm auf:

Bald waren wir uns einig. Wir wollten gemeinsam Bücher ins Chinesische übersetzen. Und wir taten es auch. Brachten es dabei zu solcher Fertigkeit, dass wir die allgemeine Aufmerksamkeit auf uns lenkten ... Neue Fachkräfte boten sich an, Hochschüler und Professoren. Chinesische Flüchtlingspriester kamen hinzu. Alle wurden nach ihren Fähigkeiten eingesetzt. Schließlich umfasste unser Kreis 180 Personen. Chinesisch-Sprachstudenten aus allen möglichen Ländern übersetzten Bücher aus ihrer jeweiligen Muttersprache ins Chinesische – und wir hatten die Aufgabe, das zu koordinieren ... Ich las sehr viel. In Deutsch, Italienisch, Portugiesisch, Englisch, Spanisch und Französisch. Vor allem Jugendbücher, unterhaltsam, gleichzeitig von erzieherisch-ethischem Wert. Und machte sie der chinesischen Mentalität zugänglich. Eine wörtliche Übersetzung wäre grauenhaft. Also gut durchmeditieren, chinesisch weitererzählen. Ich diktierte Kantonesisch. Die Übersetzer schrieben es alle in der Einheitssprache, dem Mandarin, nieder. Leung Wah-wong und ich lasen es durch, trafen Änderungen. Unsere Übersetzungen von literarischem Niveau konnten sich ruhig mit denen der Russen messen ...

Nur durch einen Gang von der Krankenabteilung getrennt war ein großer Saal. Dieser diente als Schreibstube. »Hier werkten wir mit Begeisterung, wurden zu einem ›Presseteam‹ ...« Ein altes Haus in der Nachbarschaft wurde gekauft. Die *Salesian Press*, nun bereits ein Unternehmen, übersiedelte dorthin. Die Manuskripte des Verlages wanderten in die Setzerei, Druckerei, Binderei. Bücher erschienen. Die Don-Bosco-Schwestern arbeiteten in der Buchhandlung, der eine eigene Werkstatt angeschlossen war. Das Papier war unterdessen rar geworden. Hilfskräfte drängten sich immer mehr auf. So ließ Weidinger Manuskripte händisch mit dem Pinsel vervielfältigen.

Um im Buchverlag – im wahrsten Sinne des Wortes einem Presse-Apostolat, das, wie der Name sagt, die Frohbotschaft durch das gedruckte Wort verkündete – ganz vorne zu sein, absolvierte Weidinger auch die Setzer-, Buchdrucker- und Buchbinderlehre.

Draußen auf den Plätzen, wo die Menschenmassen sich stauten, dort benutzten »Ku Tschai-jan«, Geschichtenerzähler, die Abschriften. Die Leute saßen auf der Erde und lauschten gebannt. Der beste Beweis, dass die Arbeit sich lohnte.

»Macao war die Zerreißprobe für mein Leben«

Die Not nahm unvorstellbares Ausmaß an. Morgens waren die Straßen von Verhungerten übersät. Pau Si-ko, die phonetische Übersetzung von Don Bosco-Werk, wurde zu einem Begriff in des Elends Hölle. Zeitweise hatten wir Kranke auf dem Fußboden liegen. Ich selbst übernachtete im Krankensaal. Hielt Nachtwache, nur durch einen Vorhang von den Kranken getrennt. Immer wieder durchstreifte ich die Gänge, um allen beistehen zu können. In die Heilstube kamen täglich mehr als hundert Personen zur Behandlung ... Wunden verbinden. Injektionen geben – täglich an die hundert. Trost spenden. Salben mischen ...
Chinesische »bloßfüßige« Ärzte und buddhistische Mönche haben mir ihre Geheimnisse verraten. Baumbalsam, Bambussprossen, Baummelonenkerne und viele andere Heilpflanzen lernte ich schätzen, kombinieren und einsetzen ...
42 Buben starben in den Jahren meines Samariterdienstes. Schwer lungenkrank waren sie zu uns gekommen. Mussten isoliert werden. Andere litten an einer unheilbaren Darminfektion. Hatten den Bauch voller Würmer. Viele solcher Armer, Leidender wurden geheilt. Bei anderen wieder kam jede Hilfe zu spät.

Alle Sterbenden konnten getauft werden. Ich selbst trug sie zu Grabe. Viele der »Heimgeher ins Ewige Reich« sind eines erbaulichen Todes gestorben, mit einem Lächeln im Antlitz.

Glocken aus der Heimat ...?

Herbst 1947. Von daheim hat Heinrich Maria Weidinger viele Jahre nichts gehört. Da, auf einmal:

Ich liege auf meiner Strohmatte, todmüde. Glockengeläute dringt an mein Ohr, wird immer lauter. Ich werde wach, reibe mir die Augen. Doch die Glocken schweigen nicht. Ich gehe zum Fenster und öffne es. Irgendwo in der Stadt Macao heult ein Hund auf. Ansonsten ist es ruhig ... Das Glockengeläute in meinem Ohr übertönt das Kommando des Schichtwechsels in der Polizeistation ...

Das heilige Schweigen des Raumes unserer Missionskirche in menschenleerer Nacht. Die Ruhe ist nur scheinbar. Weil die Glocken weiterläuten, mit ihrem seltsamen Klang, der nicht von hier ist und doch so vertraut ...

Lang habe ich in dieser Nacht gebetet. Schäme mich nicht zu sagen, ich habe geweint. Es waren Tränen des Dankes. Mitternacht war vorüber, ich ging zurück in meine Zelle. Die Heimat lag weit weg. Mehr als 10 000 Kilometer. Aber eindeutig und klar habe ich das Glockengeläute von dort gehört. Suggestion? Telepathie?

Als man ihm Wochen später die Nachricht vom Tod der Mutter überbringt, hat er dies längst schon gewusst.

Sein Bruder erzählte ihm später, was sich zur gleichen Zeit daheim zugetragen hatte:

Die Pfarre feiert das Erntedankfest. Plötzlich wird mein Bruder unruhig. Eine panische Angst erfasst ihn. Er stürmt aus der Kirche hinaus und heim zu. Als er in das Austragsstüberl eilt, in dem meine Mutter wohnte – sie war morgens liegen geblieben, weil sie »so müde und damisch« war –, fand er die Mutter lächelnd eingeschlafen. Während des Erntedankfestes war sie friedlich hinübergegangen.

Zwei Tage später wurde das Sterbliche an ihr der Erde zurückgegeben. Das Begräbnis – ein Triumphzug für eine Frau, die schlicht gelebt hat, demütig ihren Pflichten nachgekommen war. Von weit und breit strömten die Menschen herbei. »Die Bettler, die Armen und Notdürftigen schienen sich in Prozession einzustellen.« So ein Augenzeuge.

Unser Sterbetag ist der Erntedank.

Priesterweihe – und neue große Aufgaben

Neben seiner Arbeit in der Krankenstation und im Verlag absolviert Weidinger sein Theologie- und Philosophiestudium. Am 31. Jänner 1949 wird er in Macao zum Priester geweiht. Nach der Primiz gibt es eine besondere Überraschung:

Die gute Schwester Elisabeth Peters von den Maria-Hilf-Schwestern, die unsere Küche besorgte und die Buchhandlung betreute, was tat sie? Zu meiner großen Überraschung gab es bei der Mittagstafel anstatt Reis, mit Stäbchen gegessen, diesmal echte Knödel und dazu Messer, Gabel und Löffel. Weiß Gott, woher sie das hatte …

Bei der Priesterweihe und während des ersten heiligen Messopfers habe ich mir zwei Gnaden erbeten: die Gabe des Wortes und die Beharrlichkeit im Guten. Bis zum letzten Atemzug.

Inzwischen hatte in China Mao Tse-tung die Macht ergriffen. Für die Kirche, die sich unter Chiang Kai-shek, einem getauften Christen, frei entfalten hatte können, hatte sich die Lage radikal verändert. Die von Weidinger gegründete *Hua Ming Press* (*Licht über China*) fand nun die Wege zur Verbreitung abgeschnitten.

Chiang Kai-shek hatte sich mit seinen verbliebenen Anhängern auf die Insel Formosa/Taiwan zurückgezogen. Dort sollte auch Weidingers nächste Wirkungsstätte sein. 1951 wurde er Ordensoberer der Salesianer auf Taiwan.

Mitten in Taipeh, der Hauptstadt von Taiwan, stand ein Gebäude, das ursprünglich nur aus Pfeilern und Decken bestand. Hier schuf Weidinger auf Wunsch des Internuntius Antonio Riberi ein katholisches Zentrum. Und als Bischof Kuo von Taipeh es segnete, war ein Stück schwieriger Arbeit geleistet. »Dieser Tag war ein Jubelfest der Kirche!«

Die Legio Mariae hatte dort ihren Sitz, ebenso die Katholische Arbeiterbewegung. Weidinger war für den Informationsdienst, die Kapelle, die Teestube, die Buchhandlung und für den gesamten Betrieb zuständig. Das Regierungsgebäude, zu dem Chiang Kai-shek täglich angefahren kam, befand sich gegenüber. Weidinger erzählt: »Mehrmals wurde ich von ihm eingeladen. Ich durfte ihm sogar eine Christusstatue besorgen, vor der er täglich Bibellesung hielt.«

Bald schon folgte der nächste Auftrag: Der Internuntius war mit Weidingers Arbeit zufrieden, bis er eines Tages mit einer neuen Idee hereinplatzte – wie aus heiterem Himmel: »Pater Weidinger, ich schicke Sie auf Weltreise. Sie werden alle jene Zentren besuchen, wo viele Chinesen wohnen, und mit ihnen Kontakt aufnehmen. Zwei Absichten habe ich damit verbunden: Erstens gibt es so viele Flüchtlinge, die China verlassen haben, weil sie keine Kommunisten sind, und entwurzelt in aller Welt leben. Wir müssen sie zusammenhalten, damit sie Chinesen bleiben und sich nicht heimatlos fühlen. Zweitens werden Sie Ihre Bücher verbreiten, neue Zentren schaffen und nach Beendigung der Reise wieder nach Taipeh zurückkehren … In Rom wird Staatssekretär Montini (Anm.: Kardinal Montini war der spätere Papst Paul VI.) mit Ihnen Gespräche führen. Er ist über alles informiert. Ja, Sie werden in seinem Auftrag reisen.«

Eine großartige Idee. Eine ehrenhafte Aufgabe: »Herr, gib mir Kraft dazu!«

Die Reise ging zunächst nach Kanada und in die USA: Vancouver, Anchorage (Alaska), Toronto, Quebec, Boston, New York, Philadelphia, St. Louis, Detroit, Chicago, San Francisco … Weidinger sprach an Universitäten und vor Industriellen, predigte in Kirchen und traf mit Persönlichkeiten zusammen – mit Bischöfen, dem ehemaligen österreichischen Bundeskanzler Schuschnigg und dem Senator John F. Kennedy.

Bei einem Kongress in Vancouver 1952 referierte er vor chinesischen Wissenschaftlern, Sprachexperten, Dozenten und Professoren über die Arbeit der *Hua Ming Press*. Es gab ein beachtliches Medienecho mit Schlagzeilen und Titelseiten: »Ein Missionar bringt Licht über China«, »Die *Hua Ming Press* hat es erkannt, den Glauben auch dem Mann auf der Straße zugänglich zu machen«, »Von Mai bis Dezember 1952 haben über 17 628 Personen in Taipeh den Leseraum der *Hua Ming Press* besucht und aus der Bibliothek monatlich mehr als 300 Bücher entliehen«, »Während die Roten bemüht sind, ihre diabolische Verfolgungsjagd und kunstgerechte Gehirnwäsche im Festland China durchzuführen, bemüht sich eine Gruppe Geistlicher und Laien, gute Ideen in attraktiven Büchern und Flugschriften in Formosa, Hongkong und Macao zu verbreiten. Bald werden sie auch ein anderes Zentrum in Singapur eröffnen. Fällt der Vorhang, will die *Hua Ming Press* Licht über ganz China tragen.«

Ein beachtliches Resümee! Es gäbe viel über die Reise zu erzählen – Abenteuerliches, Berührendes und auch Lustiges. Nachzulesen in *Lasst mich vom Leben reden!*

Nächste Station war Rom: Das Gespräch mit Staatssekretär Erzbischof Montini verlief zur beiderseitigen Zufriedenheit. »Ich ahnte nicht, dass dieser Mann später als Paul VI. durch 15 Jahre die Kirche leiten sollte.«

Für seine Verdienste im Presseapostolat erhielt Weidinger als päpstliche Auszeichnung schon in relativ jungen Jahren den Titel Monsignore verliehen. Er hat sich aber später nie damit anreden lassen.

Alsdann ging es heimwärts. Der erste Heimaturlaub nach 15 Jahren. Es sollte nur eine Zwischenstation auf der Weltreise sein – doch es kam anders.

Kommunismus – und Nächstenliebe

An dieser Stelle sei ein Zeitsprung erlaubt: November 2016, Jahresversammlung des Vereines »Freunde der Heilkräuter« im Karlsteiner Kräuterpfarrer-Zentrum. Gastreferent ist Michael Ragg aus Bayern. In einem packenden Bildbericht mit dem Titel *Von Mao zu Jesus – Chinas wachsendes Christentum* erzählt er über seine Eindrücke in China: Er hat erlebt, wie das Christentum dort wieder Fuß gefasst hat, nachdem es durch Maos Kulturrevolution fast ausgelöscht schien. Während wir in Europa einen Glaubensschwund beklagen und eine Islamisierung befürchten, zeigt diese Entwicklung einen ganz anderen Trend. Schon jetzt gibt es mehr als hundert Millionen Christen (Katholiken und Evangelische) in China, mehr als die Kommunistische Partei Mitglieder hat, fast zehn Prozent des Milliardenvolkes, Alte und Junge, Arme und Intelligente.

Warum? Weil man die Nächstenliebe entdeckt hat, die im kommunistischen System bisher keinen Platz hatte. Immer schon zählt in China nicht der Einzelmensch, sondern nur die Volksgemeinschaft. Wenn einer auf der Straße stürzt und überfahren wird, so kümmert das kaum jemanden – und plötzlich kommt da einer, der ihm zu Hilfe eilt! Weidinger würde sich darüber freuen.

Landpfarrer im weißen Ordenskleid

»Einer denkt, ein anderer lenkt!«

Anno 1953: Pater Heinrich (noch nicht Hermann-Josef) Weidinger ist 35 Jahre alt. Die Welt hat sich verändert. Der Heimatort Riegersburg liegt am Eisernen Vorhang. Der Weg, den er einst täglich zum Besuch der Bürgerschule nach Frain gegangen ist, ist nun hermetisch geschlossen. Es gibt kein Hinüber und Herüber. Die deutschsprachige Bevölkerung des südmährischen Randgebietes ist 1945 aus der Heimat vertrieben worden. Niederösterreich liegt in der sowjetischen Besatzungszone.

Zunächst kam er in sein Elternhaus und besuchte mit seinen Brüdern Rudolf und Anton das Grab der Eltern. Rudolf erzählte ihm, was sich in den Jahren ereignet hatte, auch darüber, was mit dem Bruder Anton hätte geschehen sollen – dieser war sprachbehindert, hatte aber ein sehr gutes Gedächtnis, zum Beispiel wusste er viele Geburtsdaten. Eines Tages fielen zwei SA-Leute ins Haus ein. Sie hätten den Auftrag, den Anton abzuholen. Man würde ihn zu einem Spezialisten bringen, der ihm helfen könne. Er würde ganz gesund werden. Die Mutter hörte das, warf sich über ihn und deckte ihn mit dem eigenen Körper zu. Wenn sie »ihr'n Buibm« nehmen, dann müsste auch sie mitkommen. »Es Lausbuibm, schaomt's eng!« Daraufhin drehten sich die beiden um und zogen unverrichteter Dinge wieder ab. Anton hätte umgebracht werden sollen.

Später erzählte Hermann-Josef über seinen Bruder: Wenn im Dorf ein Stier nicht zu bezähmen war, dann holte man den Weidinger Tonl. Dieser ging ruhig auf das Tier zu, murmelte ihm etwas zu, kraulte es – und der Stier folgte widerstandslos seinen Treibern.

Anton starb 1994 im 72. Lebensjahr eines natürlichen Todes.

In der Pfarrkirche Felling feierte Pater Weidinger am 30. August 1953 seine Heimatprimiz. Pfarrer Florian Schweitzer (später Pfarrer in Thaya und Dechant) nahm ihn in den Pfarrhof auf und schrieb in die Pfarrchronik: »Er hielt in jedem Ort einen Vortrag mit Lichtbildern über seine Missionstätigkeit. Die Begeisterung der Besucher war groß. Sie waren stolz darauf, dass aus ihrer Mitte ein so tüchtiger Priester und Missionar hervorgegangen ist.«

Nicht nur in den Dörfern seiner Heimatpfarre hielt Weidinger seinen Vortrag, sondern in vielen Pfarren der Diözesen Wien, St. Pölten und Linz. Als Fahrzeug diente ihm eine »Delta Gnom«, ein Fahrrad mit Hilfsmotor.

Da ihm seine Ordensoberen den Rat gegeben hatten, mit seinem Weiterflug doch noch bis Weihnachten zu warten, stellte sich Weidinger ganz auf »Inlandsmission« ein. Sein Standort war das Salesianum in Wien. »Schwer war für mich der Klimawechsel. Eine schwarze Ledermontur aus Italien, die nur Augen, Nase, Mund und meinen Bart freiließ, schützte mich gegen die ärgste Kälte beim Fahren. Ich fror einfach immer.«

In dieser Montur ging es quer durchs Land und auch quer durch Wien – einmal bei Rotlicht über den Gürtel …

Vortrag in Linz. Ein überfüllter Saal bei den Kreuzschwestern. In der Nacht plötzlich heftige Schmerzen im Bauch. Am nächsten Tag sollte es nach Waldkirchen im nördlichen Waldviertel gehen: 150 Kilometer bei eiskaltem Dezemberwetter. Weidinger erzählt darüber:

Schlafen konnte ich nicht, so fuhr ich früh los. Unsägliche Schwierigkeiten bereitete mir das Aufsitzen auf mein kleines »Hupferl«. Saß ich einmal oben, dann trieb es mir zwar die Tränen in die Augen, aber ich konnte wenigstens weiterfahren. Über Urfahr nach Königswiesen. Mehrmals musste ich in den Ortschaften stehenbleiben, beim Dorf-

greißler ein kleines Stamperl Schnaps kaufen, das half nur für eine kurze Weile. Dann aber ging das Stechen, Schneiden, Reißen im Bauch wieder los … Meine Augenbrauen und mein Bart waren vom Raureif schwer geworden. Der keuchende Atem legte sich immer wieder an, bis diese kunstvollen nadeligen Eisgebilde abbrachen …
Unweit des Bezirksstädtchens Zwettl beugte sich auf einem Feldrain in der Nähe der Straße ein Hagebuttenstrauch unter der schweren Last des Raureifes. – Absteigen. Dort hingehen. Mich unter dem Gestrüpp verkriechen. Ausruhen können für immer. Das war mein einziger Gedanke. Sterben wollte ich. Zum ersten Mal in meinem Leben …

Er blieb nicht stehen, fuhr weiter und kam nachmittags nach Waidhofen an der Thaya ins Krankenhaus. Die Schmerzen waren so unerträglich, dass er an die Mauer im Hof angefahren und vom Rad gefallen war. Mühsam erhob er sich und tastete sich die Stiegen hinauf, wo er mit einer Ordensfrau zusammenstieß, einer Schwester vom Heiligen Geist:

»Bitte, Schwester, dringend an Dokta, ih stirb. I bin a Pater.« – »Was, Sie wollen ein Geistlicher sein? Sagen'S, wie oft spricht der Priester am Altar während der heiligen Messe das Dominus-vobiscum?« – Das ging mir doch zu weit. Ich ließ mich auf den Boden fallen und schrie laut auf. Kurze Zeit später trug mich ein weißer Kittel davon. Stimmen drangen an mein Ohr. Schmutzig, wie ich war, lag ich jetzt auf einem weiß überzogenen Bett. Mit kundiger Hand wurde der Bauch frei gemacht. Ein Druck. Ein fürchterliches Aufbrüllen. – Und ein Kommando: »Blinddarmdurchbruch, alles für die Notoperation vorbereiten!« In Spitalskleidung erwachte ich. In einem sauberen Krankenzimmer … Primararzt Dr. Fink hatte sich meiner angenommen. Ich fühlte mich wahrhaftig umsorgt. Während der Operation machte ein Malaria-Anfall eine sofortige Bluttransfusion nötig, wozu sich eine Ärztin zur Verfügung stellte ...

Viele Jahre nach Weidingers Ableben (2004) habe ich diese Begebenheit einer Gruppe von pensionierten Ärzten aus der Umgebung erzählt, anlässlich ihrer Jahresversammlung, die sie im Kräuterpfarrer-Weidinger-Zentrum abhielten. Da meldete sich Dr. Lebersorger zu Wort: »Das kann ich bestätigen. Ich war bei dieser Operation als junger Assistenzarzt dabei. Primar Fink hat ihm das Leben gerettet – es hing an einem Faden.«

Wieder 1953: Die Malaria hatte die Lage erheblich kompliziert. Ein längerer Spitalsaufenthalt war notwendig. Vor Weihnachten fingen die Bauchschmerzen wieder an: ein Darmpolyp, eine weitere Operation. Danach ging es Weidinger sehr schlecht. Er wog nur noch 45 kg. Drei Wochen dämmerte er dahin, nur mit Infusionen und Spritzen am Leben gehalten. Man hatte ihn beinahe aufgegeben.

Obwohl mehr drüben als herüben, hörte Weidinger nach wochenlanger »Funkstille« eine Frauenstimme klar und deutlich: »Herr Oberarzt, der Pater mit dem Bart, der von nichts was weiß, ist gestern Nacht aufgestanden, zur Wasserleitung gegangen und hat getrunken. Er hat dabei das Glas hinuntergeworfen, ich habe das Klirren gehört, bin hereingelaufen und habe den Pater ins Bett kriechen gesehen. Jetzt weiß er wieder von nichts was.«

Weidinger hatte Wort für Wort mitgehört und alles verstanden, auch die Antwort des Arztes: »Schwester Hermine, vergönnen Sie dem Pater das Wasser. – Das war sein letzter Trunk.«

Reden konnte ich nicht, mich rühren auch nicht, weil ich zu schwach war. Da reiße ich meine ganzen Gedanken im Geiste zusammen, haue mit aller Kraft auf den Tisch, den es gar nicht gab, und sage mir: »Dem Hallawachl z'fleiß stirb ich justament net!« – Ich bin auch nicht gestorben. Von diesem Tag an ging es wieder aufwärts.

Die Malaria tauchte immer wieder auf, mit Fieberschüben und Schüttelfrost, auch bei nur mittelmäßigen Anstrengungen. An eine Fortsetzung der Weltreise und eine Rückkehr nach China war unter diesen Umständen nicht zu denken. Die weiteren Reisestationen wären Belgien, Holland, Frankreich und Portugal gewesen, sodann Australien, die Philippinen, Thailand und schließlich über Macao und Hongkong zurück nach Formosa.

Es war ein trauriger Abschied, als Weidinger das Flugticket der Pan American Airways an Erzbischof Riberi nach Taipeh per Post zurückschickte. Eine einschneidende Veränderung in Weidingers Lebensweg. »Einer denkt, ein anderer lenkt.«

Prämonstratenser – und »Chinesenpater«

Wie sollte es jetzt weitergehen? Pfarrer Schweitzer gab Weidinger den Rat, ins heimatliche Prämonstratenser-Stift Geras einzutreten. Also wechselte er – mit Erlaubnis des Vatikans – das Ordenskleid, und aus dem Salesianer-Pater Heinrich wurde der Prämonstratenser-Chorherr Hermann-Josef.

Man überantwortete ihm die verwaiste Pfarre Harth, die bis dahin vom Stift aus betreut worden war. Am 1. Mai 1954 zog er dort zunächst als Provisor ein:

Es war schön, aber alt. Sehr renovierungsbedürftig. Besonderen Eindruck machte auf mich der große Pfarrgarten. Der sagte mir zu, denn der Ruhe bedurfte ich. Und Ruhe, so hoffte ich, würde ich hier finden … Ruhe habe ich gesucht. Arbeit habe ich gefunden.

Die Pfarre Harth besteht aus drei Bauerndörfern und dem größeren Bahnhofsort Hötzelsdorf an der Franz-Josephs-Bahn – mit einer Filialkirche. Dort galt es für den Pfarrer, ebenso präsent zu sein wie in Harth und den Dörfern.

Als ich während meiner Schulzeit in Krems alle paar Wochen mit der Bahn heim ins Waldviertel fuhr (eine mittlere Odyssee!), sah ich jedes Mal kurz nach dem Bahnhof Hötzelsdorf-Geras auf der Anhöhe eine markante Kirche. Damals wusste ich noch nichts von Harth und Pfarrer Weidinger, den man zu dieser Zeit den »Chinesenpater« nannte.

In seinem Buch *Heilkräuter anbauen, sammeln, nützen, schützen* (1984) erzählt er, wie er zu diesem Beinamen kam:

Vierzig Erntewagen. Hunderte von Menschen. Pferde-, Ochsen-, Kühe-, Esel- und Ziegengespanne. Eine Reitervor- und -nachhut. Keine Turnierpferde. Ackergäule der Noriker-Rasse. Im Hochglanz. Mit Kutscherhand geschmückt. Und die Reiter? Bauern. Bäuerinnen. Burschen und Mädchen, Bauernsöhne und Bauerntöchter.

Ein Erntedankfest im Waldviertel. Oktober 1956. In meiner Pfarre Harth. Die ich zwei Jahre zuvor übernommen hatte. Das Bauernjahr auf Wagenrädern. Die Sprache der Erntewagen. Unsere Pfarrbewohner an den sechs Wochentagen bei ihrer Arbeit. Mit blauem Schurz und kariertem Kalmukjanker. Im schlichten Arbeitsdirndl und mit nach rückwärts gebundenem Kopftuch. – Nicht Folkloristik. Nein. Bauernalltag, wie er ist. Geregelt und gelenkt von den Jahreszeiten. Der Bezirkshauptmann und der Redakteur der Lokalzeitung werden an der Pfarrgrenze abgeholt. Mit einer Pferdekutsche, mit der einst die Prälaten des Stiftes Geras fuhren. Am Ortseingang erwartet sie der Festzug.

Tage später stand in Großbuchstaben in den Zeitungen der »Waldviertler Chinesenpater«. Das Fest war verklungen. Eines blieb mir. Der Beiname. Jahre hindurch.

Ob ich auswärts Einkehrtage hielt, Volksmission predigte, das Land durchwanderte, um bei Veranstaltungen zu sprechen oder Vorträge zu halten – überall war es der »Chinesenpater« aus dem Waldviertel.

Meine »Sing-Sang-Sprache«? Jahrelang behielt ich sie bei. Ungewollt. – Der »Chinesenbart«? Den ich bis 1971 trug. – Die einfache Lebensweise? Die ich nie geändert habe. – Meine Liebe zu China und seinem Volk? Heute noch so stark und klar wie vor dreißig Jahren. – Die »blumenreiche Sprache« und das »eurasische Denken«? Beides kann ich bis heute nicht leugnen. – Die sechzehn Jahre Missionsarbeit in China auf meinem Buckel, der, leicht gekrümmt, manches aushielt? Was von alldem daran schuld war, an der Namensgebung? Ich weiß es nicht. – Höchstwahrscheinlich ich. So wie ich war. Jedenfalls die Zeitung, die ihn erfunden hatte, verkaufte sich gut. Und mir blieb der Name. Bis zum Tage, da ... Aber der Name tat mir nicht weh.

Dann vergingen Jahre. Jahre der kulturellen Arbeit. Jahre intensiver Seelsorge.

Nichts charakterisiert Weidinger besser als seine eigenen Worte. Sein gewöhnungsbedürftiger Sprachstil gibt jedem Wort Gewicht, man kann einfach nicht »drüberlesen«. Das Erntedankfest zeigt sein Talent, zu organisieren und zu inszenieren – nicht als Selbstdarstellung, sondern als Wertschätzung des Bauernstandes – und seine Kraft, zu motivieren und zu mobilisieren, sodass alle mitmachten.

Lehrer für die »Schwierigen«

Seine »Schäfchen« dankten es ihm. Sie erkannten seine außergewöhnlichen Fähigkeiten und waren stolz auf ihren Pfarrer. Und sie legten Hand an, wenn es galt, die Kirche oder den

Pfarrhof zu renovieren. In den fünfzig Jahren, in denen Weidinger die Pfarre führte (1954–2004) geschah dies mehrmals.

Er war für alle da, und man konnte mit seinen Problemen zu ihm kommen. Er fand die rechten Worte. Er zog sich nicht in seine Pfarrkanzlei zurück, sondern war auf dem Dorfplatz und im Wirtshaus mit dabei. Beim Faschingsfest im (späteren) Pfarrheim ging er selbst maskiert.

Seine besondere Sorge galt der Jugend. Von den Zehn- bis Vierzehnjährigen aus seiner Pfarre besuchten die meisten die Hauptschule im 23 Kilometer entfernten Eggenburg. Um mit diesen vierzig Hauptschülern in Kontakt zu bleiben, wollte Pfarrer Weidinger dort einige Schulstunden übernehmen. Daraus wurden 16 Religionsstunden wöchentlich an den Sonderschulen in Eggenburg und Horn mit 1700 Kilometern Schulweg in einem Monat. »Anfangs hatte ich Angst davor, in diesen Sonderschulen zu unterrichten, doch ich bekam immer mehr Freude an diesen Kindern, die größtenteils aus sozial geschädigten Familien kamen.«

Im Vertrauen auf die Ausbildung, die er bei den Salesianern Don Boscos erhalten hatte, und auf die Erfahrungen, die er im jahrelangen Umgang mit chinesischen Jugendlichen sammeln hatte können, übernahm er diese Aufgabe. Neun Buben aus dem Erziehungsheim »Lindenhof« konnte er selbst zur Firmung führen. Lehrer war er aber nicht nur für die Jugend, sondern auch für die Erwachsenen, für die Menschen auf dem Land.

Das Beste für die Landbevölkerung

Im Zuge der Renovierung des Pfarrhofes wurde der Stadel zu einem Bildungshaus ausgebaut. Warum sollten wertvolle Vorträge und Darbietungen nur in den Städten stattfinden? Ein Bildungs- und Kulturangebot, mit dem auch ein gewisses

Selbstbewusstsein ins Dorf kommt, wirkt der Landflucht entgegen. Doch wie sollte das Projekt finanziert werden? Den Umgang mit Geld und das Auftreiben von Spenden hatte Weidinger schon in China praktiziert. Auch beim Bauen wurde sparsam mit den Mitteln umgegangen, man kam auf Kosten in der Höhe von 1,8 Millionen Schilling.

Bei einer Großveranstaltung kommt der Pfarrer mit einem riesigen Bündel auf die Bühne, tritt vor das zahlreiche Publikum, wirft den »Schuldenbinkel« zur allgemeinen Verblüffung in den Saal (wohl gezielt auf einen leeren Platz) und gibt öffentlich seine Namensänderung bekannt: »Ab jetzt heiße ich Moses – der aus dem Wasser Gerettete.« Die Schulden waren bezahlt.

Im Publikum saß Weidingers Freund und Förderer, der spätere Landeshauptmann Siegfried Ludwig, damals Landes-Finanzreferent, mit seiner Gattin Herlinde, die aus der Pfarre Harth stammte.

Von 1966 bis 1972 gab es jedes Jahr von Oktober bis Dezember die »Kulturellen Festwochen in Harth bei Geras« – in sieben Jahren 60 000 Besucher! Unglaublich, was Weidinger in dem kleinen Dörfchen zuwege brachte. Nach dem Motto »Das Beste für die Landbevölkerung« griff er in der Wahl der Referenten zu den Sternen: Rudolf Kirchschläger, damaliger Außenminister, und – kaum, dass er nach Österreich einreisen durfte – Otto Habsburg. Beide waren beziehungsweise wurden persönliche Freunde Weidingers.

Im Rahmen der Harther Festwochen lernte ich Weidinger persönlich kennen. Der Jugendchor von Kautzen, den ich damals leitete, gestaltete die Sonntagsmesse und bot am Nachmittag die musikalische Umrahmung zu einem Vortrag über die Karlsteiner Uhrmacherfachschule (Referent war Rudolf Gerlich). Weder Weidinger ahnte, dass Karlstein einmal sein Schicksal werden würde, noch ich, dass ich einmal Weidingers Weggefährte sein dürfte.

1972 war das Rahmenthema der Festwochen »Friede ist dynamisch«, Referent war Hugo Portisch. Es sollten die letzten Festwochen sein, denn 1973 fielen die Pläne aufgrund der Maul-und-Klauenseuche-Epidemie ins Wasser, wie alle Veranstaltungen im Waldviertel in jenem Jahr. Danach kam der Elan zum Erliegen. Für seine Tätigkeit auf dem Gebiet der Volksbildung erhielt Pfarrer Weidinger die Silberne Verdienstmedaille des Landes Niederösterreich – seine erste Auszeichnung hierzulande nach den Jahren in China. Viele weitere sollten folgen.

»Wie ich zum Kräuterpfarrer wurde«

Während all dieser Jahre war der große Pfarrgarten nicht nur Weidingers Refugium, sondern vor allem ein intensives Betätigungsfeld. Schon als Bub hatte er das Veredeln von Obstbäumen praktiziert, und seine damaligen Versuche waren noch als »Weidinger-Wunder-Bamerln« in Erinnerung.

Die Pfarre Harth hatte keine Pfarrpfründe und kein Pfarrvermögen, nur den 72 Ar großen Garten, umgeben von teilweise verfallenen Mauern und einem primitiven Prügelzaun. Ein Großteil des Gartens war verpachtet. Weidinger löste den Vertrag auf und ließ zuerst von einer Diplom-Landwirtin den Boden genau untersuchen. Sechzig Löcher wurden gegraben, ein jedes 65 cm tief. Aus jeder Grube wurden im Abstand von 20 cm Höhe Erdproben entnommen. Jede Probe wurde beschriftet und nummeriert, die Löcher markiert. Das Ergebnis der Untersuchung studierte er genau und kannte nun die Beschaffenheit jedes Stückchens Boden in seinem Garten.

Ein Drittel der Fläche war früher ein Fischteich gewesen. Einige feuchte, sumpfige Stellen durchstach Weidinger selbst, machte Gräben auf, füllte sie mit Steinen und schüttete sie wieder zu. So wurden undurchlässige Stellen geöffnet und mit

Sauerstoff versorgt. Er pflanzte Birken, die ihm wertvollen Birkensaft und Blätter für Tees lieferten.

Blumen aller Art wuchsen, Obstbäume und Beerensträucher gediehen. Der Pfarrer verkaufte einen Teil der Erträge, um die Auslagen decken zu können. Aber lassen wir ihn darüber selbst erzählen:

Der Garten lohnte mir mein Arbeiten. In der freien Zeit. Nach dem Religionsunterricht und der Seelsorge. Er war sehenswert geworden, und er fruchtete von Jahr zu Jahr reichlicher. Das war aber nur ein Teil der Ernte, der kleinere.

Ich fing an zu verstehen, dass ich so vieles noch nicht wusste. So vertiefte ich mich immer mehr in das Studium der Pflanzen, besonders der Heilkräuter. Eine wunderbare Welt tat sich mir auf. Die Liebe aus meinen Kindertagen zum Thymian, zum Kalmus, zum Rhabarber nahm neue Dimensionen an.

Die Erfahrung aus China, mit Heilpflanzen die Leiden zu lindern, war auf einmal wieder da. Und dennoch sah ich jetzt alles ganz anders. – Nicht oberflächlich, von außen hinein, sondern vor allem von innen heraus. Ich lernte richtig fragen: Nicht: »Wozu dient mir dieses Kraut?« Sondern: »Warum hilft mir diese Pflanze?« Lernte die Begriffe »exoterisch«, sichtbar wirksam, und »esoterisch«, verborgene Kraft, richtig verstehen und gebrauchen. Erkannte auch die planetarische Übereinstimmung und den Einfluss auf alles Lebende. Lernte den »Pflanzencharakter« der Familien, Gattungen und Arten der einzelnen Kräuter kennen. Fand Beziehungen zwischen Heilkraut und »Menschentyp« heraus. Merkte bald, dass sich gewisse Pflanzen untereinander mögen, andere aber sich nicht ausstehen können. – Auch bei Menschen soll es so ähnlich sein. Das war für mich der zweite Teil der Ernte. Der größere.

Weidinger brannte Schnäpse. Sein selbst erzeugter Obstbrand war ein Begriff. Bei einer österreichischen Ausstellung hatte er »Gold« bekommen. Um diesem guten Obstler noch einen besonderen Geschmack zu verleihen, studierte er Kräuterbücher. Er wusste, welche Kräuter das Aroma hoben und gleichzeitig die Gesundheit begünstigten. In keiner der Apotheken in der Umgebung fand er, was er wollte. Kalmus und Gelbe Enzianwurzel bekam er schließlich aus Innsbruck.

Kräuter selber sammeln, im eigenen Garten anbauen, trocknen, mischen. Weidingers erste Kräuterschnäpse entstanden, erregten Aufsehen und Bewunderung. Bald wurde das Pfarrheim in den Sommermonaten zum Kräuterladen. Er komponierte Teezusammensetzungen, erprobte sie, verschenkte sie. Menschen konnte geholfen werden … Ja, das Mischen von Kräutern sollte seine Domäne werden. Auf diesem Gebiet blieb er unerreicht, vielleicht in der ganzen Geschichte der Kräuterkunde.

Noch aber war Weidinger Kräuterpfarrer in aller Stille, seine Stunde war noch nicht gekommen. Seine heilsamen Schnäpse erfreuten sich bei der politischen Prominenz jedoch großer Beliebtheit – eine angenehme Begleiterscheinung der Kulturwochen, wussten doch nur wenige von seinen Fähigkeiten als Kräuterfachmann. So manche Flasche von seinem »Sanamunda« oder »Hundertvierundzwanziger« (124 Kräuter!) fand sogar den Weg in die eine oder andere ausländische Botschaft oder war als kleines österreichisches Mitbringsel bei Staatsbesuchen dabei.

Seine Fähigkeiten sprachen sich herum. Leute aus dem In- und Ausland fragten nach dem Kräuterpfarrer. Den Einheimischen war dieser Beiname völlig unbekannt. Weidinger ging mit seinen Besuchern durch den Garten, dann saß man in der Stube beisammen und plauderte – bei einem Gläschen Kräuterschnaps. Eine persönliche Teemischung bekam man mit auf den Weg – als Geschenk. Das war bereits anno 1968. Hermann-Josef Weidinger war fünfzig Jahre alt, 18 250 Tage, als er zum »Kräuterpfarrer in der Stille« wurde.

Galia mag mich nicht mehr

Die erste Zeit nach der Rückkehr aus China war Weidinger gesundheitlich geschwächt und auch nervlich stark angegriffen: »Ich litt furchtbar darunter, von den auswärtigen Ortschaften abends allein zu meinem Pfarrhof heimzugehen. Die einbrechende Dunkelheit machte mir große Angst. Ich ging rascher, ich lief und kam schweißgebadet heim.«

Ein Arzt riet ihm, sich einen Hund zuzulegen. So kam er zu seiner ersten Collie-Hündin Raja. Sie war lange seine Begleiterin, auch als die Angst längst überwunden war. Nachdem Raja nach neun Jahren ihr Leben ausgehaucht hatte, folgte wieder ein Collie. Nun fing der Pfarrer an, Collies zu züchten. Jährlich verließen über zwanzig junge Rassehunde seinen Zwinger, preisgekrönt. Was Weidinger angriff, gelang ihm.

Hunde sind sehr sensibel. Eine Hündin war besonders zutraulich und hatte eine enge Bindung an ihr »Herrl«. Als dieser eines Abends spät von einer Vortragsfahrt heimkam – das war bereits in den Karlsteiner Jahren –, musste er ihr seine besondere Zuneigung zeigen. Danach, er war schon zu Bett gegangen, hörte er draußen ein Gebell – und dann Stille. Er ging hinaus und sah, wie alle Hunde rundherum standen – starr und ohne einen Laut von sich zu geben. In der Mitte lag die Hündin – tot, aber ohne eine Bisswunde. Es muss die Eifersucht der anderen gewesen sein, die sie in den Tod getrieben hatte, vermutlich durch Herzschlag.

Jede Trennung tut weh. »Galia mag mich nicht mehr«, schrieb Weidinger über eine andere Begebenheit. Die junge Hündin Galia war einem Käufer zugesagt worden. Vor dem

Abschied will Weidinger mit ihr noch einen Spaziergang machen. 25 Hunde begrüßen ihn wie immer mit freudigem Gebell. Nur Galia bleibt stumm, will nicht heraus, verkriecht sich. Erst nach längerer Beschäftigung wird sie wieder zutraulich. Hat sie die Trennung vorausgeahnt? War es eine andere Ausstrahlung, ein von ihm selbst unbemerkter, veränderter Unterton in seiner Stimme? Tiere haben ein gar feines Gespür.

Ich liebe die Tiere, die um mich herum leben. Ich spüre, dass sie mich alle mögen. Mit den Pflanzen, vor allem mit den Heilkräutern, bin ich auf Du. Der Mensch aber steht für mich an der ersten Stelle. Der Dienst am Nächsten ist kein Hobby, kein Steckenpferd. Ist Sendung, Lebenszweck, erfüllt auch das ganze Leben. Ganz und gar.

»Weil ich die Menschen liebe«, steht am Anfang und am Ende dieses Buches.

Der Verein »Freunde der Heilkräuter« in Karlstein

Lange nachdem ich die Kräuter wachsen gehört, ihre Sprache verstand und mit ihnen zu plaudern wusste, hatte da und dort ein Kräutergeschrei begonnen. Ein Kräuterboom war losgebrochen.

Pfarrer Rauscher hatte in Karlstein den Verein »Freunde der Heilkräuter« gegründet. Er verunglückte am 21. November 1979 tödlich – am Tage des Erzmärtyrers Sankt Stephan, da hatte man mich in meinem »Lager« aufgespürt. Wich nicht mehr von der Spur ab. Wollte mich unbedingt herauslocken.

So bin ich zu diesem Verein gekommen. Alles andere ist mehr bekannt als mir lieb. – Aber wie Gott will.

Mit diesen Worten schließt Hermann-Josef Weidinger seine Autobiografie *Lasst mich vom Leben reden* ab. 1979 – da hatte er noch die intensivsten Lebensjahre vor sich.

Karl Rauscher und Maria Treben

Karlstein an der Thaya – verbunden mit den »Namensvettern« Karlstein bei Bad Reichenhall, Karlstein bei Regenstauf, Karlstein am Main und Karlstejn bei Prag –, bekannt als traditionelles Uhrmacherzentrum (»Horologenland«) mit Österreichs ältester und einziger Uhrmacherfachschule (heute HTL für Mechatronik) und einem hochtechnischen Industriebetrieb, der aus einer ehemaligen Uhrenfabrik hervorgegangen ist.

Um den Pfarrort Münchreith gesellen sich vier weitere bäuerlich geprägte Dörfer. Das ist die eine Hälfte der Pfarre, die andere ist der Markt Karlstein mit einer Filialkirche. Karl Rauscher (1916–1979) ist hier Pfarrer. Er will nicht nur im Pfarrhof Münchreith residieren, sondern baut sich ein Privathaus in Karlstein, um auch dort präsent zu sein. Er baut und renoviert, wie Weidinger ist er ein Macher und ein Mann des Bildungswerkes. Seine Diavorträge über das Thayatal kennt man in der ganzen Region, auch Weidinger hatte diesen Vortrag gehört und gesehen. Rauscher und Weidinger kannten einander bereits aus ihrer Zeit in der Aufbaumittelschule Horn.

Als Pfarrer ist Rauscher seiner Zeit voraus: Samstag-Vorabendmesse, Mädchen als Ministranten und einen Volksaltar gibt es da, noch bevor dies »erlaubt« ist. Da die Pfarre für einen zweiten Seelsorger (Kaplan) zu klein, aber dennoch zweigeteilt ist, bewirbt sich Rauscher um eine Pastoralassistentin: Luise Koller, vulgo »Schwester Luise«, ist die Erste dieses Berufsstandes in der ganzen Diözese.

Im November 1976 besucht Schwester Luise in St. Pölten einen Vortrag von Maria Treben über Heilkräuter, kommt mit einer Tonbandaufzeichnung davon heim und erzählt begeistert dem Pfarrer davon. Maria Treben ist eine heilkräuterkundige Frau aus Oberösterreich. Zu dieser Zeit werden Heilkräuter und Naturheilkunde noch belächelt, vor allem von der etablierten Medizin, wenngleich sich in manchen Hausapotheken noch Arnika, Käsepappel und Kamille finden. Aber die Zeit scheint reif für dieses Thema.

Auch Rauschers Interesse ist geweckt. Ich erinnere mich, als wir nach einer Pfarrgemeinderatssitzung noch beisammensaßen, redete er nur noch von der Brennnessel …

Also lädt er Frau Treben zu einem Vortrag nach Karlstein ein. Im Juni 1977 ist der Kinosaal zum Bersten voll – Pfarrer Rauscher hat die Werbetrommel entsprechend gerührt. Auch beim zweiten Vortrag ist es nicht anders. Und die Leute bestürmen den Pfarrer – man könne sich ja das alles nicht merken und wolle es schriftlich haben. Der Pfarrer erbittet sich von

Maria Treben das Vortragsmanuskript und vervielfältigt es – in damaliger Technologie mittels Wachsmatrize. Nach etwa 1500 Exemplaren haben die Matrizen ausgedient, die Bestellungen gehen aber in die Tausende. Also wird die Sache einer Druckerei übergeben.

Anfangs waren es lose Blätter in einer Mappe, daher hat sich der Begriff »Kräutermappe« (später auch Treben-Mappe) eingeprägt. Nun wurde daraus die Broschüre *Gesundheit aus der Apotheke Gottes*. Und diese fand reißenden Absatz im ganzen deutschen Sprachraum (mit Ausnahme der DDR) – bis Ende 1979 in Millionenauflage.

Eine Lawine war losgetreten worden, Pfarrer Karl Rauscher wurde davon beinahe überrollt. Er beschäftigte mehrere Hilfskräfte, und das Pfarrerhaus in der Thayagasse platzte aus allen Nähten. Es war nicht nur der Versand – täglich kamen Hunderte telefonische und briefliche Anfragen.

In dieser Notlage riet man dem Pfarrer, einen Verein zu gründen, so könne die Sache auf solide Beine gestellt werden. Am 25. Juni 1978 fand in Karlstein die Gründungsversammlung des Vereines »Freunde der Heilkräuter« statt. Da zählte der Verein bereits über 1200 Mitglieder, denn mit dem Versand der Kräuterbücher gingen die Anmeldungen Hand in Hand. Das Fachreferat hielt der Arzt Erich Röhling aus Mittenwald. Rauscher hatte sich bereits in der Fachwelt umgesehen – ein Arzt und Apotheker aus der Umgebung sowie weitere Mitarbeiter aus dem Bekanntenkreis bildeten den Vereinsvorstand.

Ich bin dankbar und auch ein wenig stolz, dass ich von Anfang an dabei sein durfte. Bis heute obliegt die *Ringelblume*, so heißt die vierteljährliche Vereinszeitschrift, meiner Verantwortung. Die Ringelblume wurde damit auch zur Symbolpflanze des Vereines.

Bald gingen die Wege von Karl Rauscher und Maria Treben auseinander. Rauscher hatte sich die volle Last aufgebürdet und wollte daher die Sache in der Hand beziehungsweise in seiner

Pfarre behalten, Frau Treben hingegen konnte sich mit der Vereinsidee nicht anfreunden. Auch inhaltlich war man nicht einer Meinung. Wir kamen bald zu der Erkenntnis, dass die Broschüre *Gesundheit aus der Apotheke Gottes* etwas leichtfertig geschrieben war, das Wort »Wunder« zu oft verwendet und in Sachen Krebs falsche Hoffnungen geweckt wurden. Für behutsame Textkorrekturen war Maria Treben unzugänglich. Kritik seitens der Schulmedizin konnte nicht ausbleiben. Der Todesfall eines Diabetikers, der seine Medikamente abgesetzt und auf dessen Nachtkästchen man das Kräuterbuch gefunden hatte, lief durch die deutschen Medien. Dennoch ging der Versand bis zum Auslaufen des Autorenvertrages rasant weiter.

Für Frau Treben war diese Broschüre ein gutes Geschäft. Als kräuterkundige Frau hatte sie ihre Kenntnisse in dem Bewusstsein, den Menschen etwas Gutes zu tun, weitergegeben: »Man muss ja den Menschen helfen.«

Für Rauscher war sie die Grundlage zur Gründung dieses Vereines, der mit Tausenden Mitgliedern auch nach Jahrzehnten noch besteht. Als Heimstätte für den Verein kaufte Pfarrer Rauscher ein Haus in der Karlsteiner Hauptstraße und begann mit dem Umbau. Die Fertigstellung dieses *Paracelsushauses* sollte er nicht mehr erleben.

In dieser turbulenten Zeit hatte er sich auch noch die Renovierung und Neugestaltung der Karlsteiner Filialkirche zur Heiligen Dreifaltigkeit aufgebürdet. So mancher wohlgemeinte Kitsch, der sich angesammelt hatte, musste einer völligen Neugestaltung weichen. Besonders eindrucksvoll wurden die neuen farbigen Fenster. Am 10. November 1979 konnte er gemeinsam mit seinem Bruder Othmar Rauscher, dem Abt des Stiftes Schlierbach in Oberösterreich, und mit Dechant Anton Schraivogl die erste heilige Messe in der erneuerten Kirche feiern.

Kaum war dieses Werk beendet, sah man ihn schon wieder im Arbeitsgewand beim Paracelsushaus. Am 21. November 1979 kam er auf der Heimfahrt von einem Vortrag in Graz vermutlich übermüdet bei einem Verkehrsunfall ums Leben.

»Interregnum« und Weidingers Einstieg

Wie sollte es nun weitergehen? Der Bücherversand lief ungebrochen weiter. Im Vereinsvorstand waren wir aber fürs Erste ratlos. Karl Rauscher hatte wohl vorgesorgt und den jungen Pharmakologen Dr. Josef Böhm als Geschäftsführer vorgesehen. Dieser zog mit seiner Familie ins Paracelsushaus ein und begann seinen Dienst früher als vorgesehen, im Februar 1980. Auf der Suche nach einer Galionsfigur kamen wir auf Rauschers Bruder, Abt Othmar. Heilkräuter waren zwar nicht seine Sache, aber er war eine anerkannte Persönlichkeit, und er fühlte sich dem Werk seines Bruders verpflichtet.

Einige von uns kannten den einst als »Chinesenpater« bekannten und nunmehr als »Kräuterpfarrer in der Stille« wirkenden Hermann-Josef Weidinger. Bereits am 26. Dezember, fünf Wochen nach Rauschers Tod, suchte man ihn in Harth auf. Kurz darauf war er zum ersten Mal bei einer Vorstandssitzung dabei, zunächst noch etwas reserviert, dann aber bereits mit von der Partie, als man in Schlierbach bei Abt Rauscher vorsprach. Die beiden Priester kamen dabei überein: entweder gemeinsam oder gar nicht.

Inzwischen hatte man zwei neue Kräuterbücher herausgebracht: das noch von Rauscher konzipierte und von Emmerich Winter ausgeführte sogenannte *Grüne Buch*, im Gegensatz zur Treben-Broschüre sachlich und mit 120 Heilpflanzen umfassend, sowie das von Sepp Koller verfasste *Heilkräuter ums Haus*.

Am 1. März 1980 war das »Interregnum« zu Ende. Abt Othmar Rauscher wurde zum Obmann und Pfarrer Hermann-

Josef Weidinger zum ersten Stellvertreter gewählt. Mit der Geschäftsleitung wurde Josef Böhm betraut. Seine Tätigkeit war allerdings nur von kurzer Dauer, ab 1981 arbeitete er in einem Pharmabetrieb in Bayern. Von da an übernahm Weidinger die Geschäftsleitung.

Am 14. Juni eröffneten Gesundheitsminister Herbert Salcher und Landeshauptmann Andreas Maurer das Paracelsushaus, in dem bald zwanzig Mitarbeiter und Mitarbeiterinnen beschäftigt waren. Der Verein zählte zu diesem Zeitpunkt bereits 18 000 Mitglieder.

Das Kapitel *Gesundheit aus der Apotheke Gottes* von Maria Treben war (mit einer Million Exemplare) beendet. Nicht ganz – denn noch jahrelang kamen Fragen über Fragen, telefonisch und schriftlich, die Pfarrer Weidinger und seinen Beratungsdienst beschäftigen sollten. Das Treben-Buch erschien sodann in revidierter Form bei einem anderen Verlag.

Als Kräuterpfarrer in der Öffentlichkeit

Guter Rat vom Kräuterpfarrer

Schon zu Rauschers Zeiten hatte sich eine Art Beratungsdienst eingespielt, denn es galt, an die hundert Briefe täglich zu beantworten. Mit seinem Einstieg in den Verein nahm sich Weidinger zu allererst dieser Korrespondenz an, denn die Anfragen rissen nicht ab, im Gegenteil, mit ihm bekam die Sache eine neue Dimension.

Seelisch und körperlich leidende Menschen schütteten ihm ihr Herz aus, erwarteten Hilfe oder wollten zumindest getröstet werden. Als Priester und als Mensch, der selbst viel Leid gesehen und erlebt hatte, konnte er Trost spenden. Wo es aber noch Hilfe und Heilung gab, dort überlegte er, wie im konkreten Fall die Heilmittel der Natur eingesetzt werden konnten. Stets war er dabei bemüht, dass dies nicht hinter dem Rücken des Hausarztes geschah. Und siehe da, so mancher Arzt zeigte Verständnis und respektierte den Rat des Kräuterpfarrers. Ja, es gab sogar Ärzte, die sich mit ihren eigenen Problemen an ihn wandten.

Konfrontiert mit dieser Fülle von Fragen, erweiterte er seinen Schatz an Erfahrungen und ergänzte ständig sein Fachwissen durch Studium. Vor allem bediente er sich aber seiner treffsicheren Intuition. Diese Begabung, die immer deutlicher zum Vorschein kam, befähigte ihn auch, für jeden Menschen das individuell zu ihm passende Heilmittel zu finden, denn die Leute brachten ihre Anliegen nicht nur schriftlich vor, sie kamen in immer größerer Zahl auch persönlich zu ihm nach Karlstein.

Anfangs, als die Familie Böhm noch im Paracelsushaus wohnte, wurde in der Nachbarschaft ein Hinterstübchen für diesen Beratungsdienst angemietet. Trotz der räumlichen Enge, so erzählte Elisabeth, die damalige Mitarbeiterin, war es wie in einer Arzt-Praxis: »Der Nächste, bitte ...« Vielen Menschen konnte der Kräuterpfarrer Rat und Hilfe geben oder Trost spenden. Und es gab unzählige Dankesbriefe und Erfolgsmeldungen, ob es sich um geschwollene Füße, Probleme mit dem Zwölffingerdarm, der Schilddrüse, mit Regelblutungen, unruhigen Kindern oder Launenhaftigkeit handelte. In vielen Fällen war es auch ein priesterlicher Rat.

Bei allem Ernst kam auch der Humor nicht zu kurz. Am Ende eines langen Beratungsnachmittags sagte Elisabeth: »Herr Pfarrer, wir müssen Schluss machen, es ist fünf nach sieben, um halb acht ist die Messe.« – »Aber das hörst dir noch schnell an!«, sagte er und las ihr einen seiner heiteren Einfälle des Tages vor. »Wir bogen uns vor Lachen!« – Das Ende eines anstrengenden Tages.

30 Vorträge in 55 Tagen in 7 Bundesländern

Gleichzeitig begann Weidinger, Vorträge zu halten – in der Umgebung, in Wien und in weiterer Ferne in Graz, Klagenfurt, Bregenz, Konstanz und Mittelfranken ... Im Herbst 1981 zählte man 30 Vorträge in 55 Tagen in 7 Bundesländern!

Bei einem der allerersten Vorträge in Frankenmarkt in Oberösterreich durfte ich sein Chauffeur sein. Es war im Jahr 1980 in der Fastenzeit. Nachher sagten die Leute: »Das war eine ordentliche Fastenpredigt!« Ja, wo immer er sprach, sprach er als Priester, das war er seinem Beruf schuldig, denn wie kaum einer seiner Mitbrüder hatte er die Möglichkeit, zu so vielen Tausenden Menschen – in den Vorträgen und über die Medien – zu sprechen. Er versäumte keine Gelegenheit, mit seinem Kräuterwissen eine Portion Lebensweisheit und eine kleine Predigt mitzugeben.

»Ich bin von Ihrem Vortrag im Hollabrunner Jugendheim richtig innerlich fröhlich und gestärkt nach Hause gegangen. Solchen Menschen wie Ihnen zu begegnen, ist wie eine Oase zu erreichen nach einer langen Durststrecke ...« (Renate aus Wien, anno 1982).

Eine Nationalrätin sagte: »Ich bin von Salzburg eigens zu Ihrem Vortrag hierher in den Lungau gekommen, weil Sie das Wirken Gottes in der Natur sichtbar machen. Keiner bringt das so großartig und so natürlich zum Ausdruck wie Sie.«

Stets war auch ein Quäntchen Humor dabei. Seine Vorträge leitete Weidinger oft so ein: »Wann i mi in der Fruah in' Spiegel schau, da denk i mir – Herrgott, hast du a Schneid, dass d' so a Gsicht in d'Welt schickst!« Und schon hatte er gewonnen.

Zum Schmunzeln ist auch eine Begebenheit, bei der es sich eigentlich um ein Missverständnis gehandelt hat. Ein Mann fährt viele Kilometer weit von der Wachau ins Weinviertel, um einen Vortrag des Kräuterpfarrers zu hören. Nach dem Vortrag wendet er sich persönlich an ihn und klagt über geschwollene Knie. Der Pfarrer gibt ihm ein Teerezept mit auf den Weg. Nach einiger Zeit ruft der Betroffene im Paracelsushaus an, er klagt über Bauchschmerzen. »Ja, haben Sie den Tee vielleicht getrunken?« – »Ja, jeden Tag.« – »Mit dem Tee hätten Sie doch die Knie einreiben sollen!« Der Unterschied zwischen äußerer und innerer Anwendung! Vielleicht hatte der Mann im Gedränge um den Kräuterpfarrer nicht alles so genau mitbekommen oder auf dem Heimweg die Details vergessen. Jedenfalls hatte der Tee Wirkung gezeigt.

Senkrechtstart in den Medien

Bald stand der Kräuterpfarrer im Rampenlicht der Medien. Hatten früher schon die Zeitungen über den Chinesenpater und seine Kulturwochen geschrieben, so entdeckten sie ihn nun als Kräuterpfarrer neu. Die Sensationslust kannte keine Grenzen. Reporter kletterten über seinen Gartenzaun und verfolgten ihn bis in den letzten Winkel des Pfarrhofes, um eine bebilderte Story für eine Illustrierte zu ergattern. Und Pfarrer Weidinger lieferte viel Stoff für eine gute Story. Irgendwann drehte er den Spieß dann um und füllte selbst die Spalten mit Artikelserien über Heilkräuter – und kam gut damit an.

Im Fernsehen ging es Schlag auf Schlag: Es begann im März 1980 mit einer Diskussion im ORF *Club-2* zum Thema *Tabletten oder Heilkräuter*. Kurz darauf nahm Pfarrer Weidinger an einer ähnlichen Diskussion in Radio Bremen teil. Moderatorin war beide Male Marianne Koch (selbst Dr. med.). Es folgten Auftritte in *Tritsch-Tratsch* mit Joki Kirschner und Gunnar Prokop sowie im *Seniorenclub*. Den einen widmete der Kräuterpfarrer den Optimismustee, den anderen den Seniorentee.

Dann gab es eine Fernsehdiskussion in München mit dem Titel *Persönlichkeiten der Woche – angefragt*. Völlig unvorbereitet wurde der Kräuterpfarrer gleich zu Beginn der Sendung mit der Frage konfrontiert: »Herr Pfarrer, was sagen Sie dazu, dass der französische Präsident Mitterrand Kommunisten in die Regierung aufnimmt?« – »Plötzlich fühlte ich alle deutschen Kardinäle in meinem Nacken«, gestand der Kräuterpfarrer nachher. »Denn was sage ich als Kirchenmann dazu?« Er muss aber die Situation diplomatisch gemeistert haben, denn acht Tage darauf flatterte ihm die Einladung zu einer weiteren Sendung in München ins Haus – Thema: *Zurück zur Natur!*

Viele Jahre später wurde ihm einmal die Frage gestellt: »Was sagen Sie zu Bischof Krenn?« (Krenns Ernennung zum Bischof war sehr umstritten.) Weidinger zog sich diplomatisch aus der Schlinge – »Kren ist gesund«, war seine Antwort.

Für den Hörfunk brachte neben einigen Vorstellungen in Lokalsendungen sein täglicher Beitrag im *Magazin für die Frau* die große Sensation. Die Sendung wurde von Dieter Dorner redigiert. Daraus entwickelte sich eine persönliche Freundschaft mit dem bekannten ORF-Moderator. Bei diesen Sendungen entpuppte sich Weidinger als fantastischer Erzähler. Seine Wortwahl in Mundart und Hochdeutsch, seine Ruhe und sein Humor bewogen alte ORF-Hasen zu der Feststellung: »Seit Karl Heinrich Waggerl hatten wir keinen solchen Erzähler.«

Die Einschaltziffern verdoppelten sich von 400 000 auf 800 000 und überschritten am Aschermittwoch und Karfreitag, an denen dem Kräuterpfarrer die ganze Sendung gehörte, die Millionengrenze.

Natürlich zog diese Medienpräsenz einen gewaltigen Schwanz an Korrespondenz nach sich. Nach den ersten fünfzig Sendungen kamen über 5 kg Briefe – aus ganz Österreich, aus Südtirol und Bayern, aus der Schweiz und sogar aus dem (damaligen) Osten, mit der Bitte um Ratschläge – und Hunderte von telefonischen Anfragen an den Beratungsdienst im Paracelsushaus. Alle Anfragen konnten in angemessener Zeit persönlich beantwortet werden.

Es war ein gewaltiger Senkrechtstart. Plötzlich war Hermann-Josef Weidinger allgemein als »d e r Kräuterpfarrer« bekannt. All das, was er in seinem bisherigen Leben als naturverbundenes Waldviertler Bauernkind, in seinen China-Jahren sowie dann in den Studien, Experimenten und Erfahrungen in seinem Pfarrgarten gespeichert hatte, kam jetzt in der Öffentlichkeit zum Tragen. Es war kein Strohfeuer. Es ging weiter bergauf. Denn nun folgten die ersten Publikationen.

Die Teekarten

Wenn die Menschen persönlich zu ihm kamen oder ihn bei seinen Vorträgen umdrängten, hörte Weidinger sich die Probleme ruhig an. Oft rundete ein Blick in die Augen oder ein Händedruck das Bild ab, das er sich von seinem Gegenüber gemacht hatte – und schon diktierte er: »2 Teile Tausendguldenkraut, 4 Teile Johanniskraut, Salbei, Hirtentäschel …« Es war fast immer eine Teemischung, selten war es ein einzelnes Teekraut. Alles war individuell auf den jeweiligen Menschen oder Typ abgestimmt.

Umgesetzt wurde der Großteil durch den Beratungsdienst im Paracelsushaus. Weidinger gab über die Mitarbeiterinnen, die auch schon eigene Erfahrungen einbringen konnten, die entsprechenden Anweisungen weiter, denn nicht alles konnte er persönlich beantworten. Gelegentlich sicherte er sich auch bei Arzt oder Apotheker (beide im Vereinsvorstand) die entsprechende Rückendeckung.

Für häufige Fragen zum gleichen Thema gab er seinen Mitarbeiterinnen vorgefertigte Texte für Kuranweisungen, wie man sie wohl auch in Arzt-Praxen findet. Natürlich brachte er zu seinen Fernsehauftritten stets eine Teemischung in natura mit – wie erwähnt, für den *Seniorenclub* den Seniorentee, für *Tritsch-Tratsch* den Optimismustee. Dieser wurde bald zum geflügelten Wort: »Trinkst halt a Schalerl Optimismustee!« Sein Können im Kräutermischen hatte er bereits mit seinen Schnäpsen (»124er«) bewiesen. Doch er wäre nicht Weidinger, ein Mann des Buches – in diesem Metier war er schon in China erfolgreich gewesen –, wenn er diese Teemischungen nicht in die perfekte äußere Form gebracht hätte. Dafür hatte er einen idealen Partner gefunden, den Malermeister Adolf Blaim, der nicht nur Wohnungen ausmalte, sondern eine gute Hand für Aquarelle, besonders für Pflanzenmotive, hatte. Für Weidingers Teekompositionen malte Blaim die entsprechenden Bildkompositionen – Gesamtkunstwerke, 272 an der Zahl in vier Jahren!

Ende 1980 stellte Weidinger das erste Paket vor, 16 Teemischungen zum Thema »Atemwege«: Brust- und Hustentee, bei Verschleimung der Atemwege, Heiserkeit, Mandelentzündung ... – jeweils die genaue Rezeptur, bis zu zehn Bestandteile im Mengenverhältnis, Zubereitung, Kuranwendung und begleitende Ratschläge, das alles kurz gefasst im handlichen Postkartenformat.

Auch die Umschlagseiten der Teekarten-Pakete waren voll ausgenützt: auf der Innenseite eine kleine Einleitungsgeschichte, etwa: »Herr Landesrat rückt den Tisch zurecht« (in der er den späteren Landeshauptmann Erwin Pröll treffend charakterisierte), und auf der Rückseite jeweils ein Kapitel aus der Geschichte der Naturheilkunde, von Galenos und Hildegard von Bingen bis Leonhart Fuchs (von dem die Fuchsie ihren Namen hat). Die ganze Sammlung nennt sich *Ein guter Rat vom Kräuterpfarrer*. Bis 1983 kam er auf 17 Pakete zu je 16 Teekarten, also insgesamt 272.

»Heilkräuter anbauen ...«

Hatte Weidinger 1980 mit den Teekarten begonnen, so wandte er sich ab 1981 dem Kräuteranbau zu. Es war die Zeit, als man in der Landwirtschaft mehr als früher Alternativen suchte. Im Waldviertel, das ja nicht gerade eine Kornkammer ist, war der Strukturwandel besonders spürbar und die Suche nach neuen Anbauweisen daher sehr aktuell. Vordenker und Motivator dafür war Adi Kastner, Direktor der Landwirtschaftlichen Fachschule Edelhof und Landesbeauftragter für die Regionalentwicklung im Waldviertel, vulgo »Mister Waldviertel«.

Der Kräuterpfarrer war mit ihm auf gleicher Wellenlänge, und der Impuls kam wohl von beiden Seiten. Jedenfalls schuf der Verein »Freunde der Heilkräuter« mit der Anmietung einer leer stehenden Mühle bei Karlstein und einer Halle in Vitis die räumlichen Voraussetzungen für die Trocknung, Lagerung und Verarbeitung der anfallenden Ware. Einige Pioniere hatten bereits zur Zeit Rauschers mit dem Anbau begonnen und ihre

Ware in der *Ringelblume* angeboten. Sehr gefragt war damals das Kleinblütige Weidenröschen als Prostata-Heilkraut. Einige Landwirte hatten die Marktlücke entdeckt und verkauften Weidenröschen massenweise an Apotheken, die ebenfalls diese Marktlücke nützten. Es war noch zu Rauschers Zeiten, als ein Mann von dem 800 Kilometer entfernten Saarbrücken nach Karlstein fuhr, um den Weidenröschen-Tee zu kaufen.

1983 war es dann so weit: Etwa dreißig Landwirte in der Umgebung bauten auf insgesamt sieben Hektar Heilkräuter an. Blühende Ringelblumenfelder brachten Farbe in die Landschaft. Der Waldviertler Maschinenring sorgte für die entsprechenden Pflanz- und Erntemaschinen, trotzdem gab es viel mühevolle Handarbeit. Weidinger hatte den Bauern bei entsprechender Qualität die Abnahme garantiert. Er sagte später: »Ich hatte Albträume. Die Bauern werfen mir die Kräuter haufenweise vor die Tür – ›Tua damit, wos d' wülst!‹« Aber die Sache kam ins Rollen.

Doch zuvor – und das war der eigentliche Startschuss – hatte Weidinger mit dem Buch *Heilkräuter anbauen, sammeln, nützen, schützen* für das Know-how gesorgt. Dieses Buch ging bereits im ersten Band weit über die praktische Anleitung zum Kräuteranbau hinaus und wurde zu einer umfassenden Beschreibung von vierzig gängigen Heilpflanzen, jede mit einem konsequenten Ordnungsraster: *Volkstümliche Bezeichnungen; Namenerklärung; Kulturgeschichte; Herkunft; Fundort; Merkmale; Verwechslungen; Blütezeit; Samenreife; Erntezeit; Ernte- und Sammelgut; Ernte- und Sammelvorschriften; Anbau; Saatgut; Erträge; Für den Hausbedarf; Krankheiten und Schädlinge; Wirkstoffe; Heilwirkung; In der Heilkunde; Als Hausmittel; In der Tiermedizin; In der Homöopathie; In der Küche; Für die Körperpflege; Auszüge; In der pharmazeutischen Industrie; Aus meiner Erfahrung; Nicht übersehen; Naturschutz und gesetzliche Bestimmungen; Aus meiner Kräuterapotheke.*

Nur der zweite Band (1984) sollte noch umfassender werden. Am 13. Mai 1981 ging im Marmorsaal des Stiftes Geras die Präsentation des ersten Bandes über die Bühne. Das Datum hat sich mir eingeprägt: Auf dem Heimweg hörte ich im Autoradio die Meldung vom Attentat auf Papst Johannes Paul II. – Jahre später sollte Weidinger den Papst persönlich kennenlernen.

Diese Buchpräsentation war aber auch der Anfang einer fruchtbringenden Medienarbeit und engen Freundschaft. Von Wien aus war für Journalisten ein Bus nach Geras organisiert worden. Mit von der Partie war Dieter Dorner – ohne besondere Absicht, wie er später sagte. Aber der Funke war übergesprungen, und daraus entstand die bereits erwähnte Zusammenarbeit.

Ich bin eine Ringelblume

Auch in die Vereinszeitschrift *Ringelblume* hat sich Weidinger von Anfang an intensiv eingebracht. Er schrieb die *Seite des Kräuterpfarrers*, *Auf gut Deutsch* (Fachausdrücke verständlich gemacht), *Nutzen und Schaden* (jedes Ding hat zwei Seiten, auch die Heilkräuter), *Alles zu seiner Zeit* (was – wann?) usw. – in jedem Heft.

Außerdem kamen regelmäßig ein Arzt, ein Apotheker und andere Fachleute zu Wort. Ein Kapitel war der Radiästhesie gewidmet, der schon Rauscher besondere Aufmerksamkeit geschenkt hatte. Dazu kamen Erfahrungsberichte von Mitgliedern, Angebote von Apotheken, Drogerien, Reformhäusern und Kräuterbauern.

Nachdem Dieter Dorner als Ö3-Mitbegründer zur Legende geworden war, übernahm er im ORF die Ressorts Familie, Religion und Gesundheit. Da passte der Kräuterpfarrer ideal hinein. Viele erinnern sich an die tägliche Ausstrahlung der Sendung *Magazin für die Frau*, in der Weidinger jeweils seine

Kräuter- und Lebensweisheit einbrachte. Die Aufnahmen fanden im Studio Klagenfurt statt, wohin Weidinger etwa alle zwei Wochen reiste, um gleich mehrere Beiträge aufzuzeichnen.

Daran knüpft sich eine berühmt gewordene Anekdote. Eines Tages nützte Weidinger eine Pause, um sich die Füße zu vertreten, und ging hinaus auf den Neuen Platz zum Lindwurm. Beim Anblick dieses Klagenfurter Wahrzeichens versank er, wie er wörtlich erzählte, in »Drachenbetrachtung«. Aus seinen Träumen weckten ihn die Worte: »Grüß Gott, Herr Pfarrer! Ich bin eine Ringelblume.« Damit stellte sich eine freundliche Frau als Mitglied des Heilkräutervereines vor. In Klagenfurt gab es zu dieser Zeit bereits 130 Mitglieder, in ganz Kärnten über 900.

Die Grußworte hatten eingeschlagen. Weidingers nächstes Buch hieß *Ich bin eine Ringelblume*. Diese Blume war nun nicht mehr nur die Symbolpflanze des Vereines, sie wurde des Kräuterpfarrers Lieblingsblume, und er sah sich bald selbst als die Verkörperung der Ringelblume.

Das Buch ist herzerfrischend: Kräuterwissen (nicht nur über die Ringelblume) durchwoben mit Erlebnissen und Erinnerungen, Lebensweisheit in vielen Portionen – ein echter Weidinger! In Ehren gehalten und oft zitiert wird seine Liebeserklärung an die Ringelblume:

Was ist ein Sommergarten ohne Ringelblume? Er ist nur halb so schön. Was ist ein sauberes Gesicht ohne Lächeln? Das Antlitz des Menschen – und wäre es noch so hübsch – ist nur halb so anziehend, wenn ihm das Lächeln fehlt. Ringelblumen mit ihren Blüten in gelb, orange oder mit dunkel getöntem Auge, einfach oder gefüllt – sie lächeln. Die althochdeutsche Form »ringela« bezeichnet die Eigenschaft, sich der Sonne zuzuwenden und sich bei Schlechtwetter zu schließen (wie dies auch andere Blumen tun).

Ringelblumen öffnen sich immer wieder. Bei jedem Schön-

wetter. Sie werden nicht müde, windet oder regnet es noch
so oft, sie öffnen sich kurz danach aufs Neue – und lächeln –
über ihr ganzes Blumengesicht ... Die Ringelblume ist eine
Lehrmeisterin – der Freude!

Schöner kann man es nicht ausdrücken.

Der Poet

Auf dem Buchumschlag von *Ich bin eine Ringelblume* liest man
dies in dichterischer Form:

Ob ich im Leben auch das kann?

Ringelblum', Regenblum',
stehst im Garten nur herum.
Wächst ohne Pfleg und ohne Heg.
Fragst nicht nach Lohn
und Dankeschön.
Auf tust dich bloß
bei Sonnenschein.
Lächelst allein
Schönwetter ein.
Ob ich im Leben
auch das kann
und künde nur
Schönwetter an?

Ja, es hatte ihn »der Hafer gestochen«, was Weidinger dazu ver-
anlasste, seine Gedanken in Spruchform auszudrücken. Mit
Emil Jaksch hatte er einen kongenialen Künstler zur Seite. Der
akademische Maler, Grafiker und vor allem Schriftkünstler,
auch Doyen der Waldviertler Künstlergruppe, die jährlich in

Karlstein Vernissagen veranstaltete, war seit der Gründung des Vereines »Freunde der Heilkräuter« mit diesem verbunden und maßgeblich an der Gestaltung der Zeitschrift *Ringelblume* beteiligt. So wie Adolf Blaim wurde er zum Illustrator mehrerer Weidinger-Bücher. Und so entstand die »Lyrik-Trilogie« des Kräuterpfarrers: *Köstliche Früchte – Verse zum Nachdenken; In Gold geprägt – Aufatmen der Seele; Trotz allem – Heilkraft des Lächelns.* Letzteres ist allerdings unter besonderen Umständen entstanden, wie wir später erfahren werden.

Das erste Buch der Trilogie hätte im Spätherbst 1983 präsentiert werden sollen – in dem illustren Rahmen der Karlsteiner Kunstausstellung, mit Christa Stampfer (ORF), Gertrude Janach (Carinthia) und dem Schauspieler Carlos Thompson als Leser sowie dem Waidhofener Kammerchor. Leider fand dieses Ereignis aufgrund eines katastrophalen Blitz-Glatteises in einem nur dünn besetzten Saal statt. Dennoch schlug das Buch voll ein. Carlos Thompson sagte darüber: »Über jedes Gedicht ließe sich ein abendfüllender Vortrag halten.« Der Autor schreibt im Vorwort als sogenannte Kuranweisung: »Wenig, aber beständig! Täglich einen Tropfen. Nach Bedarf Kur verlängern oder wiederholen.« Ja, man kann sich wirklich jedes Gedicht als »Spruch des Tages«, als »geistige Nahrung«, zu Herzen nehmen.

Tannenzapfen

Aus dem Senkrechtstart des Kräuterpfarrers wurde ein Höhenflug. Er war Referent nicht nur bei der Bezirksärzteversammlung, sondern auch vor Universitätsprofessoren, Physikern, Ärzten und anderen Wissenschaftlern bei einem internationalen Symposium in Bobbio bei Genua zum Thema *Le cure del cosmos secondo Hildegard von Bingen* (Kommunikationssprache war Italienisch!).

In der Schweiz war er Leiter und Prediger bei einer Bußwallfahrt für die kranken und leidenden Menschen der Welt – vom Kloster Engelberg zum Kloster Maria Rickenbach in 2000 m Höhe.

Einen Höhepunkt bildete das Karlsteiner Jubiläumsfest im September 1983. Die Uhrmacherfachschule feierte ihren 110-jährigen Bestand und eröffnete die Erweiterungsbauten von Schule und Internat – und der Verein »Freunde der Heilkräuter« feierte sein fünfjähriges Bestehen. Er war zwar vergleichsweise jung, aber schon ebenso bekannt wie die renommierte Schule. Beide Anlässe führten viel Prominenz nach Karlstein: den Unterrichtsminister und späteren Bürgermeister von Wien, Helmut Zilk, Landeshauptmann Siegfried Ludwig, Weihbischof Alois Stöger und den evangelischen Superintendenten Hellmut Santer, den Vizepräsidenten des Österreichischen Kneipp-Bundes, Vertreter der Internationalen Gesellschaft Hildegard von Bingen sowie herausragende Vereinsmitglieder aus Österreich und Deutschland – sogar aus Nordrhein-Westfalen.

Für Philatelisten gab es ein Sonderpostamt, die Kräuterbauern aus der Umgebung stellten ihre Produkte aus, der Kräuterpfarrer präsentierte das Buch *Ich bin eine Ringelblume* und zeigte sein wertvolles Dioskurides-Faksimile der Öffentlichkeit, das Stift Geras ergänzte die Ausstellung um die Original-Handschrift der *Georgica curiosa* von Wolf Helmhard von Hohberg aus dem Jahr 1682.

Der ORF brachte die Sendung *Autofahrer unterwegs* live aus Karlstein, denn der Kräuterpfarrer segnete ein Christophorus-Marterl an der Bundesstraße und stellte sein zwölftes Teekarten-Paket »Für Autofahrer« vor.

Den i-Punkt setzte Hermann-Josef Weidinger mit dem »Karl-Rauscher-Stein«: Als Dank an den Vereinsgründer hatte er von einem befreundeten Priester, dem bekannten Waldviertler Bildhauer Josef Elter, einen drei Meter hohen Tannenzapfen aus Wachauer Marmor anfertigen lassen. Dieser steht

seither vor der Fassade des Paracelsushauses. Der Tannenzapfen, der seine Samen explosionsartig in die Winde streut,
steht als Symbol für den Verein, der ebenso explosionsartig
eine Saat des Guten verbreitet hat. Er wäre nicht Weidinger,
hätte er nicht auch das in Gedichtform gebracht:

Die Saat geht auf

Ein Eichhörnchen hüpft
von Ast zu Ast.
Dabei von den Früchten
der Bäume nascht.

»Die Tanne reift.«
Der Forstmann spricht.
Mit Ehrfurcht hebt er sein Gesicht
empor
und dankt dem Herrn.

Der Tannenzapfen
nach oben steht.
Nur alle fünf Jahre
in die Reife geht.

Er fällt nicht ab.
Er löst sich auf
mit Wucht.
Streut aus die Frucht.

Wie segnender Tropfen
der Samen fällt
zu Boden.
Neues Leben
strebt wieder nach oben.

Und in der Schublade befindet sich ein unfertiges Manuskript für ein Buch mit dem Titel *Tannenzapfen*.

»Ruhig war es nie ...« – Stimmen zu Kräuterpfarrer Weidinger aus dem Jahr 1982

Es gäbe eine Fülle von treffenden Aussprüchen über den Kräuterpfarrer, von einfachen und prominenten Menschen. Hier eine kleine Auswahl aus dem Jahr 1982:

HERR K. AUS KALIFORNIEN: »Machen Sie sich auf etwas gefasst! Wenn sich das erst einmal in den Staaten herumspricht!«

ALOIS P. AUS HARTH (zu jenem Mann aus Kalifornien): »Ich würde ihn ja auch öfter brauchen, gehe aber nicht hin, weil er erstens kein Geld nimmt, und zweitens, weil so viele Leute von auswärts kommen, die ihn dringender brauchen.«

ALOISIA HADRABA, HAUSHÄLTERIN IM PFARRHOF HARTH: »Ich bin jetzt elf Jahre hier im Pfarrhof. Ruhig war's bei uns ja nie, aber jetzt is' ganz aus!«

EIN GENERALDIREKTOR AUS KEMPTEN (nach einem Vortrag des Kräuterpfarrers): »Eines ist mir heute klar geworden: Das Leben hat nur einen Sinn, wenn man begreift, dass Gott dahintersteht.«

EIN BAUER AUS TIMELKAM: »Danke, Herr Pfarrer, dass Sie bei Ihren Ausführungen den Herrgott nicht vergessen.«

DIETER DORNER (ORF): »Ich danke Gott, dass ich Ihnen begegnet bin.«

MAXI BÖHM (SCHAUSPIELER UND KABARETTIST): »Na, und ob Sie mir ein Begriff sind, Herr Pfarrer! Es ehrt mich sehr, dass Sie in Ihren Vorträgen auf meine positive Lebenseinstellung (trotz aller Schicksalsschläge oder gerade deswegen?) hingewiesen haben. Es gibt ja so viele Menschen in ähnlicher Situation, denen man sehr helfen könnte …«

BUNDESPRÄSIDENT RUDOLF KIRCHSCHLÄGER: »Dein Buch gab ich meiner Gattin, die es mit Freuden bereits liest. Du wirst das verstehen. Aber es gilt immer noch: Wir beide sind per Du und bleiben es auch weiterhin … Dein Rudolf Kirchschläger.«

WEIHBISCHOF ALOIS STÖGER (nach der Pfarrvisitation 1982): »Ich danke Ihnen für alle Mühe und Sorge! Die innen renovierte Kirche präsentiert sich würdig und schön. Sie haben selbst dazu Wesentliches beigetragen … Ich sehe in Ihren Reisen und Tätigkeiten als Kräuterpfarrer ein Apostolat, besonders weil Sie nicht verleugnen, wer Sie sind.«

PRÄLAT OTTO KARASEK, ABT DES STIFTES GERAS: »Hermann-Josef ist Seelsorger vom Scheitel bis zur Sohle und betreut mit rührender Sorgfalt die Pfarrgemeinde Harth, und dies, obwohl er sich als Kräuterpfarrer auch dieser neuen Aufgabe voll und ganz widmet. In dieser großen Aufgabe ist und bleibt er Priester und Seelsorger.«

»Gott ist mein Hirt ...«

Trotz seines Höhenflugs als Kräuterpfarrer ist Hermann-Josef Weidinger als Mensch am Boden geblieben – so wie einst Joseph Haydn beim großen Triumph der *Schöpfung* nur still und demütig mit dem Finger nach oben zeigte, als Dank an den Schöpfer.

Zu seinem 65. Geburtstag am 16. Jänner 1983 hatten wir Vorstandsmitglieder eine besondere Überraschung für ihn auf Lager. Er war an diesem Tag in St. Pölten bei einer Sitzung des Diözesan-Priesterrates gewesen und kam abends heim nach Harth. Wie üblich führte sein erster Weg in die Kirche, wo er sich vor dem Altar niederkniete und still betete. Da ertönte aus der Dunkelheit vom Chor her im Soloquartett Schuberts Vertonung des 23. Psalms *Gott ist mein Hirt, mir wird nichts mangeln ...* Hermann-Josef blieb still knien bis zum Schluss – ... *Einst ruh ich ew'ge Zeit dort in des Ew'gen Haus.*

Es war Weidingers Lieblingspsalm, und er sollte ihn in der Vertonung Schuberts noch öfter hören, stets bei besonderen Geburtstagen, zuletzt bei der Feier seines neunzigsten Geburtstags im (vollen!) Wiener Stephansdom – und wohl auch bei seinem hundertsten.

Neuerlich »Stunde null« und bald wieder auf »100«!

Auf dem ersten Höhepunkt

Heute kann man rückblickend sagen: Karl Rauscher hat den Verein gegründet und damit die Basis geschaffen, auf der sich Weidinger als Kräuterpfarrer entfalten konnte. Umgekehrt hätte Weidinger den Verein nicht gegründet, und Rauscher hätte ihn (trotz all seiner Visionen) vielleicht nicht über die Runden gebracht. Es ist wohl alles so gekommen, wie es musste. Zufall? Fügung? Vorsehung?

Die Wende 1983/84 markierte Hermann-Josef Weidingers ersten Höhepunkt als Kräuterpfarrer. Die Zahl seiner Vorträge nahm stetig zu. Dazu kamen Seminare in Karlstein, Geras und Schloss Walchen in Oberösterreich.

Über den ORF organisierte Dieter Dorner Kräuterwanderungen. Hunderte Teilnehmer folgten Kräuterpfarrer Weidinger durch die Natur. In Moosburg, Kärnten, waren es über 400! Er sprach über ein Mikrofon neben dem Aufnahmewagen, er sprach mitten auf dem Marktplatz in Metnitz – und die Zuhörer waren begeistert!

Die ÖKOS-Drogistengruppe hielt ihre Herbsttagung 1983 im Waldviertel und besuchte den Kräuterpfarrer im Paracelsushaus. In ihrer Fachzeitschrift war über Weidinger zu lesen: »Schon beim ersten Handschlag wissen wir, dass wir es mit einer außergewöhnlichen Persönlichkeit zu tun haben. Ein Eindruck, der während unserer Gespräche noch verstärkt wird. Er ist nicht nur Fachmann auf dem Gebiet der Kräuterkunde, sondern hat auch Kenntnisse der Akupressur und viel Lebensweisheit aus China mitgebracht ... Der Mann strahlt ungeheure Energie und Tatendrang aus.«

»Heilkräuter sind ein Lächeln des Schöpfers.«

Der Student

Der Missionar

Der Prediger

Der Buchautor

Schloss Riegers-
burg (»Ruegers«)
im Waldviertel,
gegenüber von
Weidingers
Elternhaus

Pfarrkirche Harth

Karlstein
an der Thaya

華明書局仝人歡送衛斯才司鐸赴歐考察留念一九五三年

Weidinger inmitten seines Teams der Hua Ming Press

Er schreibt Chinesisch.

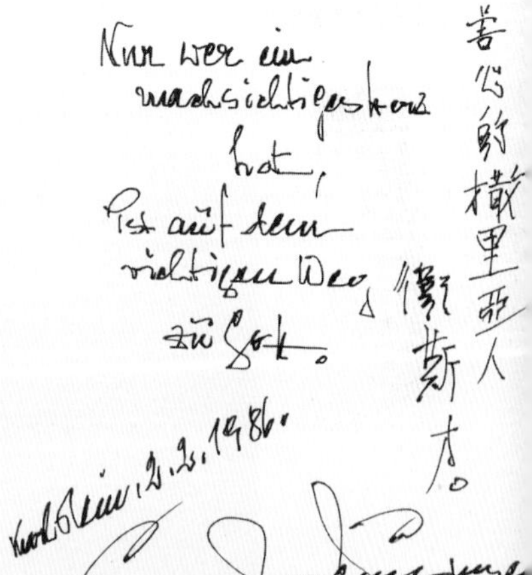

Nur wer ein
nachsichtiges Herz
hat,
ist auf dem
richtigen Weg
zu Gott.

善公的樣里亞人
衛斯才。

Kuchstein 12.9.1986.
Hermann Josef Weidinger

耶穌初次行聖蹟　12

一日，有人請耶穌和祂的門徒往加利納地方去赴婚筵，聖母瑪利亞也在那裡。很多人就為新婚夫婦赴婚筵，所以沒有了酒。聖母瑪利亞就對耶穌說：「他們沒有酒了。」耶穌回答他說：「我的時候還沒有到。」聖母就吩咐僕人們說：「他叫你們作什麼，你們就作什麼。」耶穌就吩咐僕人們把那六罈都倒滿水。僕人倒滿六罈水後，耶穌叫他們舀出來給管筵席的嘗。這一個奇蹟，是耶穌所行的第一件，祂的門徒見了都信服祂。

Chinesische Kinderbibel (das Wunder von Kana)

Veidinger und Erzbischof Antonio Riberi

Karl Rauscher, Gründer des Vereins »Freunde der Heilkräuter«, rechts der »Karl-
Rauscher-Stein«

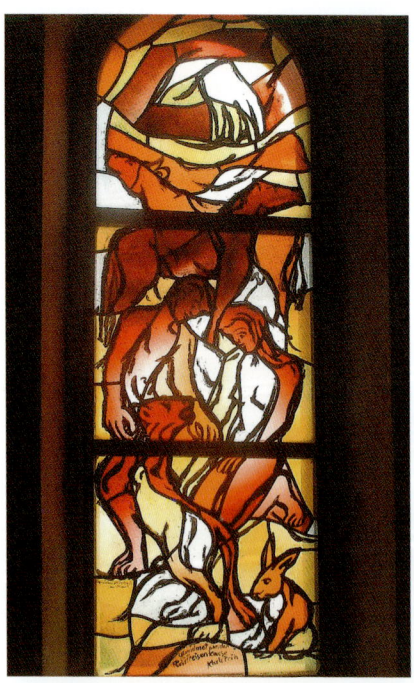

Altar-Fenster in der Karlsteiner Dreifaltigkeitskirche, Rauschers Vermächtnis als
Pfarrer: Gottes Schöpferhand (links), Gottes Geist zieht uns empor (rechts).

Das Paracelsushaus in Karlstein, Rauschers Vermächtnis als Vereinsgründer

Seminar beim Kräuterpfarrer

Generalversammlung des Vereines: Weidinger mit den Vorstandsmitgliedern Steininger, Wanko und Wobisch

Das Kräuterpfarrer-Zentrum in Karlstein: links »Unterm Spitzdachl« (1987), rechts das neue Zentrum (1998)

Kräutermischen im Kräuterhof: vom Kräuterregal bis zum Tee-Sackerl

Hermann Josef-Weidinger im Gespräch …

mit Papst Johannes Paul II. im Vatikan

mit Diözesanbischof Egon Kapellari in Graz

... mit Otto von Habsburg in Karlstein

... mit Bundespräsident Kurt Waldheim und Landeshauptmann Siegfried Ludwig a
Kneipp-Brunnen in Karlstein

... mit Landes-
hauptmann
Erwin Pröll in
Geras (beim
...5er)

beim Kongress in Togo/Westafrika

... mit Willi Dungl

Dieter Dorner

Im Fernsehstudio mit Joki Kirschner

Lachende Gesich-
ter beim Vortrag
auf dem Markt-
platz in Metnitz,
Kärnten

Hunderte Teil-
nehmer bei der
ORF-Kräuter-
wanderung in
Moosburg

n Karlsteiner
räutergarten

Paket 7 / Kräutertee 107

GEDÄCHTNISSTÄRKEND

Zusammensetzung

Ehrenpreis	Herba Veronicae	1 Teil
Kalmus	Radix Calami	3 Teile
Melisse	Folium Melissae	3 Teile
Rosmarin*	Folium Rosmarini	2 Teile
Tausendguldenkraut	Herba Centaurii	2 Teile
Weißdornblüten	Herba Crataegi cum floribus	4 Teile

Zubereitung

2 Teelöffel der Mischung mit ¼ l Wasser 1 Stunde kalt ansetzen, kurz aufkochen, 15 Minuten lang zugedeckt ziehen lassen und abseihen.

Tagesmenge und Dauer

Morgens auf nüchternen Magen 1 Tasse mit Honig gesüßt warm und schluckweise trinken. Mehrere Wochen hindurch.

Anwendung

Vor Prüfungen, bei geistiger Überbelastung und Streß, vor unangenehmen Verhandlungen, vor dem Treffen wichtiger Entscheidungen und allgemein gedächtnisstärkend.

Empfehlung

Bei fortgeschrittenem Alter nimmt die Verkalkung der Hirngefäße zu, und die Gedächtnisfunktion nimmt ab. Gedächtnisschwäche bei jüngeren Menschen kann auf ungenügende Hirndurchblutung, auf niederen Blutdruck oder auf schlechte Blutzirkulation zurückzuführen sein. Nicht einfach hinnehmen, sondern um eine bessere Durchblutung des Gehirns bemüht sein. Folgende Abkochung ist zu empfehlen: **Muskatnuß** (Semen Myristicae) 15 g, **Anissamen** (Fructus Anisi) 10 g, **Kümmelsamen** (Fructus Carvi) 10 g. In 1 l gutem, altem und naturbelassenem **Weißwein** wird diese Mischung gut aufgekocht; dann abkühlen lassen und in eine Flasche füllen. Gut zukorken. Davon wird bei Gedächtnisschwäche täglich 3mal je 1 Teelöffel voll eingenommen.

Aus meiner Erfahrung

Kräuterpfarrer Künzle hat bei Gedächtnisschwäche Ehrenpreistee empfohlen. 2 Teelöffel getrockneten **Ehrenpreiskrautes** (Herba Veronicae) übergießt man mit ¼ l kochendem Wasser, läßt 15 Minuten ziehen, seiht ab und trinkt für längere Zeit jeden Abend eine Tasse.

Nebenwirkungen

Sind keine zu befürchten.

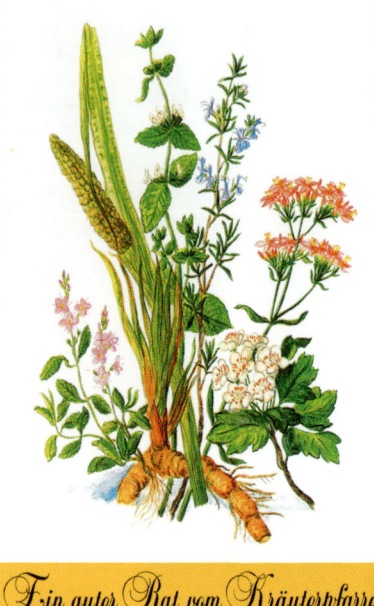

Ein guter Rat vom Kräuterpfarrer

Eine von 272 Teekarten »Ein guter Rat vom Kräuterpfarrer«: Weidingers Meisterwer im Mischen von Kräutern, mit den Aquarellen von Adolf Blaim ein Gesamtkunstwer

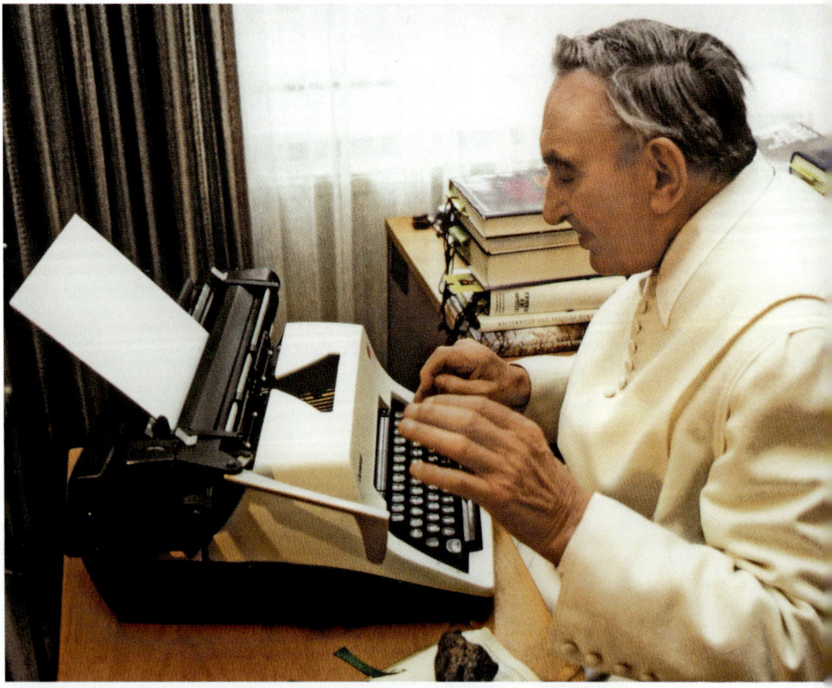

Vierzig Bücher in zwanzig Jahren. Wer schreibt, der bleibt.

Umringt von
Alt und Jung

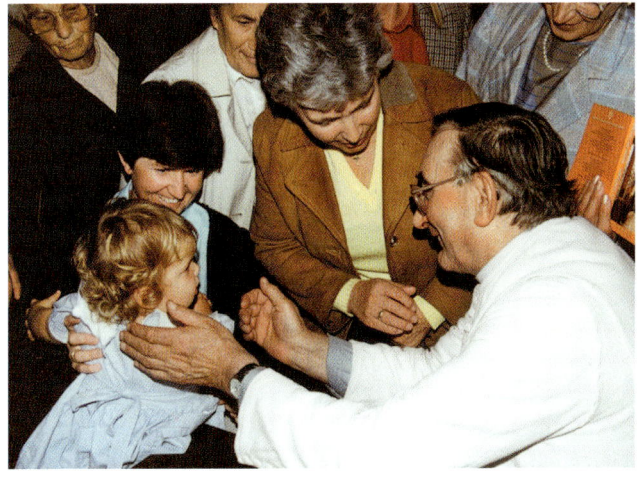

Das Karlsteiner Team mit der Geburtstagstorte zum 85er

Benedikt Felsinger O.Praem., der neue Kräuterpfarrer

Melitta Blaim, die Hüterin des Vermächtnisses

Erhard Busek, damals Wiener Vizebürgermeister, lädt ihn zu einer Podiumsdiskussion im *Bunten Vogel*, an der außer ihm Politiker, Dozenten, Ärzte und Psychologen teilnehmen.

Das erste Dutzend Teekarten-Pakete (192 Kräutertee-Kompositionen) und drei Bücher waren bereits in Umlauf, weitere in Arbeit. Mit einer Kräuterkolumne in der *Neuen Illustrierten Wochenschau* und dem *Antonius-Kalender* der Wiener Kapuziner-Provinz hatte Weidinger seine Tätigkeit als Kolumnist begonnen, die sich noch sehr ausweiten sollte. Die Medien rissen sich um ihn. Die Menschen pilgerten regelrecht zu ihm nach Karlstein oder Harth. Der Kräuteranbau war angelaufen …

Die Sonne in Karlstein, den Mond in Harth – ein Tag im Leben des Kräuterpfarrers

Im Verein ist der Kräuterpfarrer nicht nur die fachliche Autorität, seit dem Abgang von Dr. Böhm hat er auch die Geschäftsleitung übernommen. Das bedeutet, einen Betrieb mit 15 Beschäftigten zu führen, mit allen Alltagsproblemen, die es gibt. Er diktiert Briefe, hängt am Telefon, kontrolliert die Buchführung, den Posteingang und -ausgang und bespricht sich mit den Mitarbeitern. Bei all der Arbeit ist er nie (oder nur selten) gereizt, sondern meist guter Laune. Trotz seiner Güte lässt er sich nicht ausnützen und ist ein zäher Verhandlungspartner.

Der Sonntag gehört seiner Pfarre Harth, wochentags fährt er nach der Frühmesse dreißig Kilometer nach Karlstein zur alltäglichen Arbeit im Paracelsushaus.

Beim Mittagessen in einem Karlsteiner Gasthof plaudert er mit seinen jungen Mitarbeitern oder mit Arbeitern aus dem örtlichen Industriebetrieb. Gelegentlich hält er vor dem Mittagessen noch einen Vortrag für eine Reisegruppe.

Nachmittags hält er »Beratung«. Seine Sprechstunden sind oft über Wochen ausgebucht. Abends kehrt er heim in seine

Pfarre, macht Hausbesuche und hält Gruppenstunden. Deshalb sagt er: »Ich sehe die Sonne in Karlstein und den Mond in Harth.«

An vielen Tagen geht es aber nachmittags zu Vorträgen quer durch Österreich bis nach Südtirol. Pfarrer Rauschers Schicksal war uns eine Lehre, zu den Vorträgen wird Weidinger von einem Chauffeur kutschiert, dessen Aufgabe auch der Bücherverkauf ist. Oft fährt noch Weidingers Sekretärin Melitta Blaim, die Tochter des Malers (von ihr wird noch die Rede sein), mit und schreibt nach dem Diktat des Kräuterpfarrers dessen Manuskripte.

Für den 66-Jährigen ist das eine beachtliche physische Leistung, einmal abgesehen von der geistigen. Dabei verliert er nicht seinen Humor. Ein überfüllter Saal. Der Kräuterpfarrer strebt vor Beginn seines Vortrages auf den Saaleingang zu. Einer kommt ihm entgegen und ruft ihm kameradschaftlich zu: »Kehr um! Kriegst eh kan Platz mehr.« – »I schon, i bin ja net dick!«

Im Jahr 1982 überstieg die Zahl der Vorträge zum ersten Mal die Hundert. Im Oktober/November 1983 betrug Pfarrer Weidingers Pensum 34 Vorträge vor 6286 gezählten Zuhörern in sieben österreichischen Bundesländern und Südtirol, dabei wurden 9958 Kilometer zurückgelegt. Nur selten sah man ihm die Müdigkeit an. Wenn es ihm einmal doch zu viel wurde, sagte er: »A toter Kräuterpfarrer kann enk nimmer helfen!«, ging in sein Kämmerlein und machte ein Nickerchen.

Im Dezember/Jänner 1984 war Vortragspause. Erst im Februar ging es wieder los. Bis Anfang April waren 23 Vorträge vorgemerkt.

Da passierte es …

Am 23. Februar 1984 sollte es in die Steiermark nach Judenburg gehen. Chauffeur Edmund Ringl und Melitta Blaim holten den Pfarrer um 5 Uhr früh vom Pfarrhof in Harth ab. Bereits wenige Kilometer nach der Abfahrt passierte es. Ein entgegenkommender Autofahrer – nach einem Hallenfußballturnier war es spät beziehungsweise früh geworden – geriet plötzlich auf die Gegenfahrbahn. Frontalzusammenstoß! Edmund Ringl und Melitta Blaim sowie der Entgegenkommende kamen mit leichten Verletzungen davon, Hermann-Josef Weidinger aber hatte es schwer erwischt: Mit Serien-Rippenbrüchen und einer Lungenquetschung kam er nach Wien in die Erste Universitäts-Unfallklinik.

Viele Besucher kamen – man hatte die Nachricht im Radio gehört –, die meisten mussten abgewiesen werden, zu groß war der Andrang. Trotz seines Zustandes kamen sein Lebenswille, sein Gottvertrauen und sein Humor immer wieder spontan zum Ausdruck. Infolge der Beatmungsmaschine konnte Pfarrer Weidinger nicht sprechen, daher verlangte er Papier und Schreibzeug, um die ersten Fragen, mit denen man möglicherweise seinen geistigen Zustand feststellen wollte, zu beantworten. Auf die Frage nach seinem Alter schrieb er: »24 145 Tage.« Wer sein nächster Verwandter sei? – »Jesus Christus«. Und dem ersten Besucher aus unseren Reihen, dem Vorstandsmitglied Eberhard Wobisch, schrieb er auf den Zettel: »Jetzt erst recht!« Sein nächstes Buch hieß: *Trotz allem.*

Trotz allem

Die Nachricht vom schweren Unfall des Kräuterpfarrers schlug wie ein Blitz ein, und wir standen beinahe wieder bei einer »Stunde null« wie beim Unfalltod von Pfarrer Rauscher. Dennoch lief im Paracelsushaus der Alltag weiter. Weidinger bestellte sich die Mitarbeiter ans Krankenbett und diktierte Briefe, immer wieder musste er für Atemzüge aus der Sauerstoffmaske unterbrechen.

Zunächst galt es, die vereinbarten Vortragstermine wahrzunehmen. Für diese Aufgabe konnten einige Fachleute aus den Reihen der Mitglieder gewonnen werden, darunter der Generalsekretär des Österreichischen Kneipp-Bundes Hans Löw. Sie hatten bereits vor Weidingers Unfall ihre Bereitschaft erklärt, notfalls einzuspringen.

Der zweite Band der Lyrik-Trilogie *In Gold geprägt* stand vor dem Druck, und die Druckerei hatte Änderungsvorschläge angemeldet. In dieser Situation bestand die damals zwanzigjährige Melitta Blaim ihre Feuerprobe, indem sie die Vorgaben des Autors durchkämpfte.

Viele Heilkräuterfreunde wunderten sich, dass man Weidinger bereits kurz nach dem Unfall wieder in der Sendung *WIR* im Fernsehen sah. Es handelte sich um Sendungen, die schon vor dem Unfall aufgenommen worden waren. Von einer Genesung konnte aber so schnell nicht die Rede sein. Im Juli – fünf Monate nach dem Unfall – musste sich Weidinger einer neuerlichen Operation unterziehen. Den Metallpanzer im Brustkorb behielt er für den Rest seines Lebens. *Trotz allem* ging es aufwärts. Im Mai gab es bereits wieder Fernsehaufnahmen und im Herbst die ersten Vorträge.

Neue Wege im Kräuteranbau

Des Weiteren musste man beim Projekt Kräuteranbau neue Wege suchen. Die erste Ernte im Jahr 1983 war eingebracht und getrocknet sowie nach und nach verarbeitet worden. Im Jahr 1984 aber stand Weidinger aufgrund des Unfalls und der langwierigen Rekonvaleszenz nicht zur Verfügung, ohne ihn ging es einfach nicht. Damit nun die Bauern nach dem hoffnungsvollen Beginn nicht auf der Strecke blieben, nahm sich die Fachschule Edelhof, das Team um Adi Kastner und Gerhard Zinner, ihrer an.

Ein Teil der Bauern kam zum Gewürzanbau. Waldviertler Kümmel ist seither bei Kotányi ein Qualitätsprodukt. Einige gingen zu »Waldland«, das sich der Vermarktung von regionalen Spezialitäten, besonders von Waldviertler Mohn, verschrieben hatte. Und mit jenem harten Kern, der von der Vereinsgründung an dabei gewesen war, den Familienbetrieben Kainz, Zach, auch heute noch unsere treuen Mitglieder, startete vier Jahre später im Jahr 1988 Hannes Gutmann – aus einer Verlegenheit heraus, aber mit Mut und einer Vision – die Erfolgsstory »Sonnentor«, heute der größte Kräuterexporteur Österreichs. Hannes Gutmann steht zu dieser Vorgeschichte, und sein Unternehmen ist Mitglied im Verein »Freunde der Heilkräuter«.

Weidinger ging einen anderen Weg. Seine Domäne war das Mischen von Kräutern. Doch bis es konkrete Formen annahm, sollten noch einige Jahre vergehen.

Meister im Mischen von Kräutern

Mit den Teekarten *Ein guter Rat vom Kräuterpfarrer* hatte Weidinger sein Meisterstück im Mischen von Kräutern geliefert, obwohl er noch mitten drin war. Beim großen Fest im September 1983 hatte er das Paket Nr. 13 »Für Autofahrer« (zum Anlass passend) präsentiert, obwohl das zwölfte noch nicht fertig war, dieses war für Weihnachten vorgesehen. Er verglich diese Reihenfolge mit den Feen im Märchen Dornröschen – und fatalerweise wurde ihm das Autofahren zum Verhängnis. Das 14. Paket war im Mai 1984 fertig – als erste Publikation nach dem Unfall. Anfang 1985 war Weidinger beim Paket 17 angelangt, damit fand dieses Werk ein (zunächst vorläufiges) Ende:

1 Atemwege
2 Herz und Kreislauf
3 Verdauung
4 Nervensystem
5 Gelenksschmerzen
6 Haut und Haare
7 Gesund bleiben
8 Für die ganze Familie
9 Vorbeugen
10 Seniorenprobleme
11 Jugendprobleme
12 Aromatische Haushaltsmischungen
13 Für Autofahrer
14 Nase – Ohren
15 Mund – Rachen
16 Nieren – Harnwege
17 Frauenbeschwerden

Herausgegriffen sei zum Beispiel das Paket 10 »Seniorenprobleme« mit folgenden 16 Teemischungen (fortlaufend von Paket 1 an nummeriert):

145 Alterstee
146 Steigerung der Abwehrkräfte
147 Altersjucken
148 Harnsäureüberschuss
149 Blasenschmerzen
150 Prostataleiden
151 Unterfunktion der Bauchspeicheldrüse
152 Einschlafstörungen
153 Durchschlafstörungen

Ja, was im Alter so alles kommt, wovon man in jüngeren Jahren noch nichts weiß! Demenz, wovor der liebe Gott uns und unsere Angehörigen bewahren möge, war in den Achtzigerjahren noch kein Thema, sonst hätte sich Weidinger auch damit befasst.

Weidinger hatte über tausend Teemischungen im Kopf, 63 Pakete mal 16: Das sind 1008 Teekarten). Die Zahl 1008 steht auf jedem Paket. Dieses Ziel hatte er vor Augen. Das 18. Paket hätte »Gesunde und kranke Kinder« geheißen. Dazu kam es jedoch nicht mehr – aus mehreren Gründen: Eine Salzburger Firma hatte bereits begonnen, die Tees herzustellen. Doch da stellte sich heraus, dass die Latte zu hoch gelegt war. Einzelne Kräuter waren im Handel nicht erhältlich, einige für die innere Anwendung aus dem Verkehr gezogen. Und mit halben Sachen gab sich Weidinger nicht zufrieden. Wollte man nun selbst mit so einer Karte in die Apotheke gehen und sich den Tee mischen lassen, hätte der Apotheker wenig Freude damit gehabt. Die Kräuter selbst zu pflücken und aufzubereiten, war nur in wenigen Fällen möglich.

Trotz allem ist die Sammlung ein Meisterwerk, eine hohe Schule des Kräutermischens. Sie sucht in der ganzen Heilpflanzenliteratur ihresgleichen. Die Kombination der Kräuter ist bis ins kleinste Detail durchdacht: Was passt zusammen, was unterstützt die Wirkung, was gleicht aus? Weidingers Lehrjahre in der chinesischen Medizin, seine jahrelangen Studien und Erfahrungen in seinem Pfarrgarten sowie sein feines Gespür für das Zusammenwirken mehrerer Kräuter kamen hier zum Tragen.

Unabhängig von der Machbarkeit der Mischungen sind die Karten von bleibendem Wert, denn für das jeweilige Problem ist stets eine Kuranweisung mit begleitenden Ratschlägen dabei. Das Blaim-Aquarell für jede Kräutermischung hebt das Ganze ins Künstlerische.

Für unsere spätere Eigenproduktion im Kräuterhof hat Weidinger die Rezepte vereinfacht, sodass die heutigen Tees durchwegs von ihm selbst stammen.

Kräuter zu mischen, ist das eine, die einzelne Heilpflanze für sich betrachtet, ist das andere. Im Unterschied zur Pharmazie, die mit den isolierten Wirkstoffen der Heilpflanzen arbeitet, sieht Weidinger die Sache ganzheitlich: die ganze Pflanze für den ganzen Menschen. Damit wird das Heilkraut zur »Persönlichkeit«, die mit dem Menschen in Beziehung tritt. In vielen mündlichen und schriftlichen Aussagen bringt uns Weidinger diese Betrachtungsweise nahe. Auch sein Kräuterpfarrer-Nachfolger eröffnet uns diesen Zugang.

Ein anderer Grund, weshalb Weidinger mit Paket 17 die Sammlung vorzeitig beendete, war die Tatsache, dass er bereits andere Pläne hatte.

Einmalig in der gesamten Kräuterliteratur

Es folgte Band 2 von *Heilkräuter anbauen, sammeln, nützen, schützen*. Schon im ersten Band (1981) war Weidinger weit über das Know-how des Kräuteranbauens hinausgekommen, auf etwa 200 Seiten wurden vierzig Heilkräuter konsequent abgehandelt. Im zweiten Band nun, den er im Mai – am Vortag zu Christi Himmelfahrt, drei Monate nach dem Unfall – abschloss, füllt er mit nur zwanzig Heilpflanzen fast 300 Seiten. Zum einen wurde der konsequente Grundraster bei jeder

Pflanze um ein Drittel (von 32 auf 43 Punkte) erweitert, zum anderen wurden alle Kapitel ausführlicher behandelt.

Neu hinzu kamen die Punkte: *Kurz gefasst*; *Verbreitungsgebiet*; *Verbreitungsgrad*; *Verwandte Arten*; *Befruchtung*; *Altbewährte Rezepte*; *Planetarische Übereinstimmung*; *Pflanzencharakter und Menschentyp*; *Pflanzensympathie und -antipathie*; *Nebenerscheinungen*. Plus 32 Punkte wie im ersten Band – mal 20 Heilkräuter. Der Band ist das Produkt von Weidingers reicher Erfahrung. Ich bin selbst kein Kräuterfachmann, aber an der Seite Weidingers und für die *Ringelblume* musste ich mich intensiv einlesen. In der gesamten Kräuterliteratur wüsste ich kein Werk, in dem die einzelnen Heilpflanzen umfassender beschrieben werden als in diesem.

Sprich mit deiner Haut

1986 erschienen gleich drei Bücher, zwei Taschenbücher und eines, das 840 Seiten dick war und den originellen Titel *Sprich mit deiner Haut* trug. Es handelt sich hierbei keineswegs um einen Kosmetik-Ratgeber, vielmehr legt das Buch den Fokus auf den ganzen Organismus, dessen Zustand sich zu allererst an der Haut zeigt.

Vielleicht stammte der Impuls dazu von einem Brief aus Hirschaid in Franken. Nach einem Vortrag Weidingers am 4. Oktober 1984 schrieb ihm der dortige Pfarrer August Popp:

Lieber Hermann-Josef! Du hast bei deinem Vortrag große Resonanz gefunden. Immer wieder werde ich von Leuten darauf angesprochen, deine originelle, humorvolle Art und vor allem die Tatsache, wie du aus ganzheitlicher christlich-pastoraler Sicht über ein natürliches Leben gesprochen hast, haben tiefen Eindruck hinterlassen. Du weißt ja selbst, wie bei vielen Menschen Heilkräuter bloß als Dro-

> genersatz verstanden werden, von dem man sich alles ver-
> spricht und dann doch enttäuscht wird … Du hast es ver-
> standen, darauf hinzuweisen, nicht nur an den Symptomen
> zu kurieren, sondern in die Tiefe des eigenen Selbst hinab-
> zusteigen. DANKE!

Nicht nur an den Symptomen kurieren – was nehme ich gegen Bauchweh, niedrigen Blutdruck oder Kopfschmerzen? –, sondern in die Tiefe des eigenen Selbst hinabsteigen, den ganzen Menschen erfassen, die Harmonie mit der Schöpfung suchen, über die momentane Befindlichkeit hinaus … Weidinger versucht das sehr umfassend und zugleich sehr praktisch in *Sprich mit deiner Haut*: Kleidung, Essensdisziplin, Hauttypen und Krankheiten – nicht nur der Haut, sondern auch diejenigen, die man an der Haut ablesen kann … Leicht ließen sich daraus mehrere kleinere Bücher machen: ein Saft-Buch (50 Säfte vom Apfel- bis zum Zwiebelsaft, aus dem Kapitel »Blut hat viele Farben!«), ein Honig-Buch (14 Sorten-Honige), ein Duftstoff-Führer (40 ätherische Öle), ein Bäder-Führer (107 Badezusätze vom Ameisensäure- bis zum Zinnkrautbad, »Wasser sucht sich seinen Weg«) …

Dieses umfangreiche Werk ist nicht nur sehr übersichtlich gegliedert, sondern aufgebaut »wie eine Symphonie«, mit Exposition, Durchführung und Coda, und begleitet von markanten poetischen Sprüchen.

War *Heilkräuter anbauen, sammeln, nützen, schützen* mehr für den Fachmann, so ist *Sprich mit deiner Haut* für jedermann. Man muss und kann es ja auch nicht in einem Zug auslesen! Dafür, dass Weidinger nach diesen Höhenflügen wieder auf den Boden kam, sorgte Dieter Dorner als Impulsgeber für zwei Taschenbücher:

Tipps von Kräuterpfarrer Weidinger und *Sonne im Herzen*

Tipps von Kräuterpfarrer Weidinger wird von Erzählungen aus seinem Leben eingeleitet, dann geht es um Praktisches wie die Anleitung zum Ziehen von Kräutern auf der Fensterbank oder auf dem Balkon, die richtige Zubereitung und Anwendung von Tees, um Teemischungen und Empfehlungen etwa für fette oder rissige Haut, bei Schlaflosigkeit von Kindern, Herz- und Kreislaufbeschwerden, Durchblutungsstörungen, Nesselausschlag, Talgknoten, Gürtelrose, Beschwerden bei Vollmond, Nervosität, Zwölffingerdarmgeschwüren und vieles mehr. Das Kapitel *Alt werden – praktische Tipps von einem, der schon 25 000 Tage auf der Welt ist* verschafft Abhilfe bei Problemen, die das Alter mit sich bringt. Viele der Tipps sind unmittelbar bezogen auf spezielle Anfragen an Weidingers Beratungsdienst oder auch an den ORF nach den Sendungen *Magazin für die Frau*.

Das zweite Buch ist, wie der Name sagt, ein sonniges, herzliches. *Bau dir einen Kachelofen* heißt gleich das erste Kapitel, »… der Kachelofen ist dein Herz«. »Ich will mein Leben leben. Jeden Tag. Tag für Tag. Stunde für Stunde. Will es zu einem Meisterwerk vollenden. In der Zeit, die der Schöpfer mir dafür gibt. Das ist meine Zeit.«

Es enthält Naturbeobachtungen und Erzählungen von Begebenheiten aus dem überaus reichen und besonderen Leben Weidingers: Der Holzschuh-Jandl kommt da zu Wort, der ihm vom Brand des Elternhauses erzählt hat. Von Tricks der Zigeuner auf dem Pferdemarkt ist die Rede und davon, wie Weidingers Bruder aus der Kriegsgefangenschaft heimkehrte und als Erstem ausgerechnet demjenigen begegnete, der seine Einberufung zur Wehrmacht veranlasst hatte. Oder davon, wie Weidinger für seinen Verlag in China Papier besorgte, und von seiner Begegnung mit Kurt Schuschnigg in den USA … »Du siehst nur mit dem Herzen gut – mit den Augen siehst du nur die Hälfte.«

Mitglieder überall

Die *Ringelblume* »besuchte« unterdes die Vereinsmitglieder von Wien bis Bregenz, von Hamburg bis Südtirol und von Kanada bis Australien. In jedem Heft wurde eine bestimmte Region vorgestellt. Damit sollte betont werden, dass es sich nicht bloß um »zahlende Mitgliedsnummern«, sondern um Menschen mit persönlichen Schicksalen in den verschiedensten Berufen und Alterskategorien handelt.

Es gab viele Zuschriften und Begegnungen mit vielen interessanten Persönlichkeiten, die die Erkenntnis brachten, dass es sich bei den Vereinsmitgliedern nicht um irgendwelche verschrobene weltfremde Spinner handelte, und auch nicht um lauter Heilkräuterspezialisten, sondern um durchwegs »normale« Menschen mit gesundem Hausverstand, die sich von der Botschaft Weidingers, für die Natur offen zu sein und ihre Gaben zu nutzen, angesprochen fühlten. Es waren nicht nur Ärzte, Apotheker, Biologen, Heilpraktiker, Priester, Lehrer, Künstler und Politiker, nicht nur die sogenannte Elite (das wäre bei dieser großen Zahl an Mitgliedern – es sind nun schon an die 30 000 – gar nicht möglich), sondern Menschen wie du und ich.

Zu vielen Prominenten hatte Weidinger persönlichen Kontakt, etwa zu Hans Neuner, dem Präsidenten des VNL, zu »Kräuterpapst« Maurice Mességué, zu Willi Dungl, zu Ordensmitbruder Norbert Pühringer, der einen Kräutergarten in Klaffer in Oberösterreich betreibt, zu der Wiener Stadträtin Gertrude Fröhlich-Sandner, Urwaldarzt Dr. Theodor Binder, Österreichs bekanntester Radiästhesistin Käthe Bachler, Hademar Bankhofer, Priorin Rosaria Golsch von Marienkron und

Bundespräsident Rudolf Kirchschläger. Viele sollten noch in den nächsten Jahren dazukommen.

Eine interessante Begegnung fand in Oberösterreich statt, wo die Heilerin Anna Gruber lebte, die die Aura eines Menschen sehen und durch ihr Händeauflegen vielen helfen konnte. Schon zu Rauschers Zeiten war sie Mitglied des Vereins »Freunde der Heilkräuter« gewesen, und auch Weidinger kannte sie. Eines Tages hielt er einen Vortrag in Vorchdorf. Die ganze Zeit über irritierte ihn etwas. Am Ende seines Vortrages stand Anna Gruber plötzlich vor ihm. Daraufhin sagte Weidinger: »Jetzt weiß ich, was da so blendete!« Es war kein Trick oder übler Scherz, es waren die besondere Ausstrahlung dieser äußerlich einfachen Frau und die Sensibilität dessen, der diese »Strahlen« wahrnahm.

Strahlen und Radiästhesie spielten in der Phytotherapie immer eine große Rolle, auch schon in den Rauscher-Jahren. Weidinger wusste, dass er selbst auch strahlen- oder rutenfühlig war, wollte aber nie von seiner Hauptaufgabe, den Heilkräutern, abgehen. Nur manchmal machte er davon Gebrauch. Als er etwa einmal während einer ORF-Aufnahme im Pfarrgarten Harth ein bestimmtes Heilkraut nicht mehr finden konnte, schloss er einfach die Augen, hielt die Hand wie eine Antenne in die Höhe, drehte sich im Kreis – und fand, was er suchte.

Entscheidende Schritte:
Produktion und Verkauf

»Unser kleines Beratungsstüberl«

Die Jahre 1987/88 brachten einige Veränderungen. Othmar Rauscher, Abt von Schlierbach, hatte, wie erwähnt, nach dem Tod seines Bruders die Obmannschaft im Verein übernommen. Als anerkannte Persönlichkeit hatte er Kontakt zur hohen Politik bis in den Vatikan. Für den Verein war er eine Galionsfigur, die Heilkräuter waren jedoch nicht seine Sache. Dafür war der Kräuterpfarrer zuständig, der als solcher in ganz Österreich längst populär war und als Geschäftsführer in Karlstein den Betrieb mit 18 Beschäftigten leitete. Rauscher sah ein, dass er aufgrund der räumlichen Entfernung nicht präsent sein konnte, und trat als Obmann zurück. Mit ihm schied auch Franz Dangl, Sparkassendirektor in Groß-Siegharts, aus dem Vorstand. Er hatte in den Anfangsjahren dafür gesorgt, dass im Verein finanziell und administrativ alles seine Richtigkeit hatte.

Nun war klar, dass Weidinger, der ohnehin die »Seele« des Vereines war, die Obmannstelle übernehmen sollte. Zunächst zögerte er, und ich kann für mich in Anspruch nehmen, ihm den entscheidenden Impuls gegeben zu haben, sich bei der Generalversammlung der Wahl zu stellen. Diese verlief erwartungsgemäß einstimmig.

Auch die Vereinszeitschrift *Ringelblume* bekam ein neues Gesicht: Sie wurde durchgehend farbig, und Weidinger füllte und prägte sie inhaltlich immer mehr. Jedes Heft war wie ein Gang durch die Natur, vor allem durch den Wald. Eichelhäher, Schwarzstorch und Laubfrosch wurden zu Titelfiguren. Der Kräuterpfarrer öffnete uns die Augen für die unzähligen Wunder der Schöpfung. Nach und nach verschwanden die Inserate von Apotheken, Reformhäusern und anderen Anbietern von Kräutern, denn nun hatten wir bereits Produkte aus der eigenen Erzeugung anzubieten.

All dies brachte eine entscheidende Wende in der Entwicklung des Betriebes: Der Kräuterpfarrer, der bisher ausschließlich mit Büchern, Vorträgen und über die Medien an die Öffentlichkeit getreten war, spürte immer mehr, dass ihn die Menschen nicht nur hören und lesen, sondern die Tees auch direkt aus seiner Hand bekommen wollten.

Unsere ersten Produkte waren in der *Ringelblume* angeboten worden, später hatten wir dann auch ein eigenes Verkaufslokal, das dem Paracelsushaus gegenüberlag. Weidinger nannte es »unser kleines Beratungsstüberl«. Die Regale waren bald voll mit Teemischungen, Auszügen, Likören und Salben. Das Geschäft lief gut an, auch der Versand. Das bedeutete aber, dass wir im Reigen der Kräuteranbieter zum Konkurrenten geworden waren.

»Bürscherl, arbeit' was ...!«

1988 ging in Karlstein ein großes Fest über die Bühne: Der Ort feierte seine 800-jährige Geschichte und der Heilkräuterverein seinen zehnjährigen Bestand. Der Kräuterpfarrer hatte im neuen »Beratungsstüberl« zahlreichen hohen Besuch, darunter auch Bundespräsident Waldheim und Landeshauptmann Ludwig.

Im Rahmen der 800-Jahr-Feier fand das erste »Karlsteiner-Treffen« statt, zusammen mit den drei Namensvettern in Bayern, Karlstein bei Bad Reichenhall, Karlstein/Regenstauf und Karlstein am Main, die in großen Abordnungen nach Karlstein an der Thaya kamen und einander hier kennenlernten.

Nach der Wende kam dann auch das tschechische Karlstejn bei Prag (mit der berühmten Kaiserburg Karls IV.) zu den weiteren Karlsteiner-Treffen, die dann alle paar Jahre reihum statt-fanden. Als Gastgeschenk für meine Bürgermeister-Kollegen hatte ich natürlich stets einen üppigen Korb mit gesunden Sachen vom Kräuterpfarrer dabei und überreichte ihn mit dem legendär gewordenen Spruch: »Bayern-Bier und Franken-Wein mög'n zwar gute Trankeln sein, g'sünder doch als Wein und Bier ist Kräuterpfarrers Elixier!«

In das Jahr 1988 fiel auch Weidingers siebzigster Geburtstag. Sein Kommentar dazu: »Bürscherl, arbeit' was, solang'st so jung bist! Gefeiert wird erst mit 85.« Er konnte es dennoch nicht ver-hindern, dass ihm Landeshauptmann Ludwig das Goldene Ehrenzeichen des Landes Niederösterreich überreichte und ihm die Marktgemeinde Karlstein die Ehrenbürgerschaft ver-lieh. Fünf Jahre danach, zum 75er, folgte die Stadt Geras. Schon in jungen Jahren war er Ehrenbürger von Macao geworden. Die Pfarrgemeinde Harth überreichte ihm eine Nachbildung des Tassilo-Kelchs.

Über Arbeitsmangel konnte Weidinger sich nicht beklagen. Die Zahl der Vorträge pro Jahr überschritt erstmals die 200er-Marke. Er war vom Burgenland bis nach Südtirol präsent, und daheim in Karlstein sprach er vor Reisegruppen, die mit dem Bus gekommen waren. Weidinger hielt auch viele Semi-nare, etwa in Batschuns in Vorarlberg, in Tainach in Kärnten oder in Salzburg, und er führte die *WIR*-Wandertage des ORF.

Wenn man ihn angesichts seines Arbeitspensums gelegent-lich ermahnte, seine Kräfte zu schonen, antwortete er: »Wenn'sd an alten Gaul niederlegen lasst, steht er dir am End nimmer auf!« In seiner Arbeitsweise verglich er sich aber eher mit einem Ochsen: »Ein feuriges Ross springt drein und zerreißt dabei die Stränge. Der Ochs hingegen zieht langsam, aber stetig den Kar-ren durch den Morast.« Nicht die Schnellen, sondern die Aus-dauernden gewinnen!

1987 reiste Weidinger auf Einladung des Ökomenischen Rates der Kirchen nach Togo/Westafrika zu einem internationalen Kongress zum Thema *Die Pflanzenheilkunde in der elementaren Gesundheitsversorgung.* Fachleute aus 22 Ländern trafen sich in Lomé. Für Weidinger war dies eine hohe Ehre und zugleich eine Bereicherung: Hier lernte er tropische Heilpflanzen kennen, eine Ergänzung zu dem Wissen, das er sich in China angeeignet hatte.

Im Alltag pendelte er täglich von seinem Pfarrhof in Harth dreißig Kilometer nach Karlstein. Hier hatte er nun ein neues Refugium, das 13er-Haus ganz in der Nähe des Paracelsushauses. Aus dem ihm von der Versicherung zugesprochenen Schmerzensgeld nach dem Unfall von 1984 hatte er dieses Haus persönlich erworben, als Ordensmann für das Stift Geras. Er nannte es »Albertus-Magnus-Studienzentrum« in Verehrung dieses großen Vordenkers und nutzte es als ruhiges Plätzchen zum Schreiben seiner Bücher. In Melitta Blaim, der Tochter des Malers und Illustrators seiner Bücher, fand er die ideale Mitarbeiterin. Verlage und Druckereien bestätigten übereinstimmend: »Die perfekten Manuskripte kommen vom Kräuterpfarrer.«

Und es verging auch kein Jahr ohne ein neues Buch: Im Jänner 1988 wurde in einer Pressekonferenz am Wiener Stephansplatz *Guter Morgentip vom Kräuterpfarrer* vorgestellt, es avancierte zum »Österreich-Buch des Jahres« auf der Frankfurter Buchmesse. Für jeden der 365 Kalendertage gibt es darin eine ganze Seite mit Gedanken zum Tag und einer Anzahl von praktischen Kräuter- und Gesundheitstipps. Die erste Auflage ist zweibändig. Die beiden Bände tragen die Untertitel *Das werdende Jahr* und *Das fruchtende Jahr.* Marksteine, die zur Halbierung des Jahres dienen, sind der 24. Juni (Johanni) und der 24. Dezember (Heilig-Abend). ORF-Intendant Paul Twaroch sprach die einprägsamen Worte: »In einer Zeit, wo wir Österreicher wieder recht klein geworden sind, können wir uns immerhin daran aufrichten, dass wir auch ganz große Menschen unter uns haben. Einer davon ist Kräuterpfarrer Hermann-Josef Weidinger.« Eine Lizenzausgabe in slowenischer Sprache erschien 1994.

1989 folgte ein stilleres Buch: *Stumme Kräuter plaudern – der Kräuterpfarrer führt zum Beschaulich-Sein.* Weidinger, der mit den Kräutern, wie man sagte, auf Du war, führt uns in seinen Betrachtungen in das Innere der Kräuter und zugleich in unser Inneres:

> Die Stunde des Herzens. – Stolpere nicht über die Furchen, die dein Leben zieht. – Du brauchst sie, die Stunde des Herzens zur Befruchtung des Geistes. – Die Spiegel im Grünen, geh sie suchen. – Lass Lippen schweigen. Werde ganz still. SEIN Bild wirst du finden in tausend Formen, in jedem Kräutlein. – Trag es heim in Gedanken und freu dich daran.

Auf Drängen vieler entschloss sich Weidinger zu einer Autobiografie: 1990 erschien das Buch *Lasst mich vom Leben reden* (aus dem in den ersten Kapiteln dieses Buches zitiert wurde). Das Leben des (Heinrich) Hermann-Josef Weidinger ist so reich an Erlebnissen und Erfahrungen, dass es wert ist, für die Nachwelt festgehalten zu werden. In diesem Buch schildert Weidinger seinen Werdegang nur bis zum Einstieg in den Verein »Freunde der Heilkräuter«, womit er als Kräuterpfarrer an die Öffentlichkeit trat: »Alles Weitere ist mehr bekannt als mir lieb …«, schreibt er lakonisch und überlässt es anderen, über seinen weiteren Lebensweg zu schreiben, was mit dem vorliegenden Buch geschieht.

»Warum denn bauen wir nicht Brücken zueinander?«

Der Fall des Eisernen Vorhangs 1989/90 war für alle Bewohner des Grenzlandes ein einschneidendes Erlebnis. Weidingers Elternhaus in Riegersburg ist nur drei Kilometer vom tschechischen Ort Schaffa (Šafov) entfernt, wo ein restaurierter jüdischer Friedhof an die einst große jüdische Gemeinde erinnert. Weidinger hielt seine Kindheitserinnerungen an die Juden von Schaffa in der *Ringelblume* fest, er erzählte auch vom Ort Frain (Vranov) mit dem imposanten Barockschloss hoch über der Thaya, in dem er als Grenzgänger die Bürgerschule besuchte. Seine Gedanken dazu:

Schon in meiner frühesten Kindheit prägten sich mir Begriffe ein, die mich ein Leben lang begleiten sollten. Um realistisch und situationsverbunden leben zu können. Unterschiede zu erkennen. Ausgleichend zu wirken. Unten bleiben. Nach oben blicken. Niemand verachten. Hilfreich die Hände betätigen. Darin eine Sendung sehen, die ich zu erfüllen habe.

Das eigene Leben zum »Hände-Reichen« werden lassen. Sich gegen das Hinunterziehen stemmen. Selbst andere emporziehen. Zum Erzieher werden. Seelsorger sein. Kranken helfen. Bücher schreiben. Aktiv in den Medien stehen. Das alles kommt aus der simplen Tatsache: Weil ich ein Grenzlandkind bin. Zum Grenzgänger wurde. Von drüben und herüben weiß.

Pfarrer Weidinger war daher auch ganz vorne mit dabei, als es galt, die abgerissenen Brücken wiederaufzubauen – real und mental. Die Thayabrücke von Hardegg hat diesbezüglich symbolischen Charakter. Hier konnte der grenzüberschreitende Nationalpark Thayatal entstehen, der in der *Ringelblume* vorgestellt wurde.

In Karlstein fand 1990 das erste grenzüberschreitende Symposium *Grenze und Nachbarschaft* der Waldviertel-Akademie statt. Es war hochkarätig besetzt und besucht. Im Jahr darauf gab es auf tschechischer Seite eine Fortsetzung – mit einer Mozart-Messe (im Mozartjahr 1991), gesungen und musiziert von über hundert Sängern und Musikern von hüben und drüben. Seite an Seite sangen wir *Warum denn bauen wir nicht Brücken zueinander?*, und beim *Te Deum*, in beiden Sprachen zugleich gesungen, wurden viele Augen feucht.

Weidinger war auch dabei, als man in Prag die Reliquien des heiligen Norbert, des Ordensgründers der Prämonstratenser, nach einem halben Jahrhundert erstmals wieder vom Strahov-Kloster in einer Prozession durch die Stadt trug. Für ihn war es ein entscheidender Impuls, sich der Sache »Jakob Kern« anzunehmen, die in dessen Seligsprechung 1998 gipfeln sollte.

Aber auch an vielen anderen Orten war Weidinger ein Spurensucher: Von der Steiermark hinüber nach Slowenien, rund um das Prämonstratenser-Stift Schlägl im Mühlviertel mit dem Kräutergarten seines Mitbruders Pfarrer Pühringer (gest. 1989) in Klaffer, im Ötscherland, in Südtirol und in der Schweiz war er auf den Spuren von Paracelsus.

Ein eigener Kräuterhof

Die Liste der Produkte, die im »Kleinen Beratungsstüberl« angeboten wurden und via Versand zu den Menschen kamen, wurde immer umfangreicher: Teemischungen, Kräuterweine und Liköre, Cremen, Salben, Öle, Hautwässer, Vollkornprodukte, Kaumittel und vieles mehr – vom Kreuzschmerzen-Einreibemittel bis zum Waldviertler Dörrobst, vom Enzian-Minze-Wein bis zum »Friede-auf-Erden-Tee« (für Weihnachten) …

Das Team in der Produktion hatte alle Hände voll zu tun: Sie mischten Tees, rührten Salben, setzten Auszüge an und füllten sie ab – zunächst in einer ehemaligen Industriehalle und später in der Riedmühle bei Karlstein. Es war höchste Zeit, eine ordentliche Produktionsstätte zu finden. Da wurde in Karlstein das Areal einer ehemaligen Baufirma frei, und auf Weidingers

Betreiben kaufte der Verein einen Teil der Gebäude, renovierte und adaptierte sie. Am 27. September 1992 wurde der »St. Marien-Kräuterhof« feierlich eröffnet.

Nach und nach technisch immer versierter und den Sicherheitserfordernissen entsprechend ausgestattet, ist der Kräuterhof bis heute die Produktionsstätte des Vereines. Die Zahl der Beschäftigten betrug 1992 bereits 27: in Produktion, Versand, Verkauf, Beratung, Redaktion, Verwaltung und im Chauffeurdienst.

Bücher für die Seele, für Hund und Katz, für Garten, Hecken und Bäume

Je mehr sich das geschäftliche Tor nach außen auftat, desto mehr ging der Kräuterpfarrer nach innen, in Form neuer Bücher: *Das dreifache Siegel – Gedanken zur Lebenstiefe* (1992) und die drei Augenblick-Büchlein *Augenblicke – Wege zu sich selbst*, *Der Augenblick zählt* und *Nütze den Augenblick* (1992– 94). In allen finden sich Geschichten, Gedanken und Lebensweisheiten für die Gesundheit von Leib und Seele. Als Abrundung erschien 1993 das Buch *Kräuter für die Seele*. Ein Zitat daraus: »Tu auf dein Herz der Natur, und dein Selbstvertrauen wächst. Du akzeptierst deine eigene Rolle im Leben. Achtest andere Menschen und deren Meinungen wieder mehr. Entdeckst die Fähigkeit, aus deinen Fehlern zu lernen. Wirst ein seelisch gesunder Mensch.«

Die Seelen-Bücher entstanden im Wechsel mit vier umfangreicheren, mehr aufs Praktische ausgerichteten Büchern, die vor allem die Natur und ihre Geschöpfe – auch unsere Freunde im Tierreich – im Fokus haben: *Haustiere, Heilpflanzen und Du* (1993): Wie erwähnt, betrieb Weidinger in den Jahren bis zu seinem Einstieg in den Heilkräuterverein eine sehr erfolgreiche

Collie-Zucht im Pfarrhof Harth. Er gewann nicht nur Preise mit seinen edlen Hunden, sondern hatte auch eine enge Beziehung zu ihnen. Nun widmete er den Haustieren von Hund und Katz bis Kaninchen und Schwalbe ein eigenes Buch, einen Ratgeber, um Tiere besser verstehen, betreuen und pflegen zu können. Er gibt viele praktische Ratschläge, empfiehlt Teerezepte und Hausmittel als Hilfeleistung sowohl für die Tierhaltung als auch bei Krankheiten.

Hollerbusch, Kranewitt und Haselnuss – das Heckenbuch des Kräuterpfarrers (1994): Hecken und Feldraine müssen oft mit allem, was darin kreucht und fleucht, der Landwirtschaft weichen. Lebensräume drohen zu verschwinden. Weidingers Buch ist ein Plädoyer für den Naturschutz. Zusätzlich stellt es alles, was uns aus diesem Lebensraum nutzbar sein kann, vor: *Wildfrüchte und Wildbeeren. Säfte, Marmeladen und Gelees. Liköre, Schnäpse und Ansätze. Stauden, Sträucher, Hecken und Büsche. Blüten, Blätter, Wurzeln und Samen. Mit Wildbeeren gut und richtig würzen. Geist und Seele bewirken ein Erschauen.* So lauten einige Untertitel.

Grüne Oase ums Haus (1995): Das Gartenbuch des Kräuterpfarrers leitet dazu an, eine grün-bunte Welt vor die Tür zu zaubern. Es beantwortet viele Gartenfragen und geht auf die Heilkraft der Pflanzen ein. Es hilft dabei, den Garten zu planen und zu gestalten, geht auf die Vorteile von schwarzer Komposterde und grünen Mulchdecken ein, auf natürlichen Pflanzenschutz und Düngerwissen, Mischkulturen und ideale Pflanzenpartner. 45 »grüne« Kinder: Von der Königskerze bis zum Almrausch reicht die Pflanzenpalette.

In *Mensch und Baum* (1997) spricht der Kräuterpfarrer über die Sinnsprache der Bäume: Baum für Baum wird hier auf Mythologie, Volksglauben, Brauchtum und Pflanzenheilkunde eingegangen. »Ich bin eine Feldulme. Und was bist du?« – Lieblingsbaum und Sinnsprache. Mit Ahornknospen, Buchenlikör, Eschenrindentee, Feigensirup, Vogelbeerfrüchten, Wacholderbeeren und anderem erfährt der Leser eine Fülle an praktischen Ratschlägen.

Besondere Bäume

Die Präsentation des Baum-Buches fand in der Nähe von Weitersfeld unter einer uralten Föhre statt, die für Weidinger schon als Kind »alt« war und die ihre eigene Geschichte hatte. Er widmete ihr das Titelbild des Buches.

Weidingers Geburtstagsbaum ist die Ulme. Sie steht für den Zeitraum vom 12. bis zum 24. Jänner, deshalb widmete man ihm auf dem Dorfplatz in Harth die »Weidinger-Ulme«. Karlstein hatte ihm bereits 1993 zum 75. Geburtstag die »Weidinger-Linde« gewidmet, mitten im Ort, gegenüber von den Fenstern des »Albertus-Magnus-Studienzentrums«, Weidingers Refugium. Nur wenige Meter davon, direkt vor dem Seminarzentrum (heute »Kräuterpfarrer-Zentrum«), ließ er selbst den »Stöger-Ahorn« setzen, im Andenken an Bischof Alois Stöger, der Pfarrer Rauscher zur Vereinsgründung angeregt hatte und mit Weidinger in enger Beziehung stand. In diesen Baum-Reigen passt wohl auch der marmorne »Karl-Rauscher-Stein« vor dem Paracelsushaus. Er hat die Form eines Tannenzapfens. Schließlich wurde nach Weidingers Tod im Klostergarten von Pernegg eine »Weidinger-Eiche« gepflanzt.

Eine besondere Bewandtnis hat es mit den Linden. Als Dorflinden oder in freier Natur sind sie oft mächtige *landmarks*. Manche alte Linde musste aber aus Sicherheitsgründen weichen. Daher wurden an markanten Stellen wieder neue gepflanzt, so zum Beispiel vor der Pfarrkirche Münchreith. Initiiert wurde das im Jahr 2001 von der Regionalhauptschule Dobersberg. Kräuterpfarrer Weidinger hat die Linde gesegnet. Im Zuge dieser Schulaktion wurde gemeinsam mit der tschechischen Nachbarschule Slavonice (Zlabings) direkt an der

Grenze eine Linde gepflanzt und des Weiteren eine an der Straße südlich von Dobersberg – eine »Kaiserlinde«. Hier hatte es einst eine Lindenallee gegeben, die der Dobersberger Graf Grünne seinem Feldherrn Erzherzog Karl, dem Sieger von Aspern gegen Napoleon, zu Ehren gesetzt hatte. Die Kaiserlinde machte damals den Anfang für eine neue Allee.

Die tägliche Kolumne

Von der Zeitschrift *Granatapfel* bis zur Bauernzeitung, von der Kirchenzeitung bis zur *ORF-Nachlese*: Kolumnen und Beiträge in Printmedien von Weidinger erschienen vierteljährlich, monatlich, wöchentlich, dazu kamen häufige Auftritte in Hörfunk und Fernsehen. Der Kräuterpfarrer war ein Medienliebling.

1995 kam Österreichs größte Tageszeitung auf den Kräuterpfarrer zu. Hans Dichand, Herausgeber der *Kronen Zeitung*, bot Weidinger eine tägliche Kolumne an – und dieser sagte zu. Der Titel war gewöhnungsbedürftig: *Hing'schaut und g'sund g'lebt*. Er blieb aber bis heute. Die Kolumne selbst existiert nun schon weit über Weidingers Tod hinaus – über zwanzig Jahre unverändert.

Als Buchautor hatte Weidinger seine ganz persönliche Ausdrucksweise, seine oft unvollständigen Sätze wirken sehr impulsiv. Für die Kolumne in der *Kronen Zeitung* eignete er sich einen besonderen Stil an: kurze Absätze, die jeweils mit einem hervorgehobenen Stichwort beginnen. Das behielt er auch in seinen nächsten beiden Büchern bei. Bereits 1995 erschien unter demselben Titel, *Hing'schaut und g'sund g'lebt*, ein Buch mit 400 Seiten. Da die Nachfrage groß war, folgte 2002 ein zweiter Band, Weidingers letztes Buch. Illustriert sind diese beiden Bände mit originellen Karikaturen von Georg Schulnig.

Die tägliche Kolumne in der *Kronen Zeitung* hatte Auswirkungen aufs Geschäft. Obwohl es der Kräuterpfarrer zunächst nicht beabsichtigt hatte, löste er oft auf bestimmte Produkte eine Nachfragelawine aus, auf die der Kräuterhof nicht vorbereitet war. »Herr Pfarrer, sagn S' uns bitte vorher, was Sie schreib'n!«, baten ihn die Mitarbeiter. Also richtete er sich auch (manchmal) danach – nicht zum Nachteil des Umsatzes.

Eine Kehrseite der Medaille gab es jedoch: Bekanntlich polarisiert die *Krone* als auflagenstärkste Tageszeitung in der österreichischen Medienlandschaft. War der Kräuterpfarrer bisher aller Medien Liebling, so hielten sich nun, da er zur *Krone* gehörte, so manche bedeckt. Hans Dichand ließ sich das wohl etwas kosten. Er unterstützte das nächste und letzte große Vorhaben Weidingers großzügig.

Vollendung

Ein neues Kräuterpfarrer-Zentrum

Nach wie vor hielt der Kräuterpfarrer Vorträge landauf, landab, meist über 200 pro Jahr (das Jahr hat 365 Tage!), er hielt Seminare in Vorarlberg und Kärnten, war Ehrengast bei den Löwenzahnwochen in Südtirol und Lehrmeister bei den Zisterzienserinnen in Dänemark. Doch die Menschen strömten auch nach Karlstein: Im Jahr 1988 zählte man über hundert Bus-Reisegruppen. Seit einigen Jahren gab es auch hier Kräuterseminare, besser gesagt, Kräuterpfarrer-Seminare, denn Weidinger war die Seele des Ganzen. Es war auch unser Ziel im Vereinsvorstand, dass in Anbetracht der fortgeschrittenen Jahre von Hermann-Josef Weidinger nicht »der Prophet zum Berg«, sondern »der Berg zum Propheten« kommen sollte.

Seminare und Vorträge in Karlstein fanden bis dahin in den örtlichen Gasthäusern statt. Das »Kleine Beratungsstüberl« platzte als Verkaufslokal schon aus den Nähten. Also lag es auf der Hand, an einen Neubau zu denken. Eine alte, längst geschlossene Greißlerei gegenüber des Paracelsushauses und Mauer an Mauer mit dem »Kleinen Beratungsstüberl« stand zum Verkauf. Der Verein, der einen finanziellen Polster hatte, kaufte das Grundstück und begann mit dem Neubau. Dazu hatte Weidinger unter den Vereinsmitgliedern eine Bausteinaktion, bei der man ein Auto gewinnen konnte, ins Leben gerufen und namhafte Spender aufgetrieben, allen voran, wie erwähnt, Hans Dichand.

Ende 1997 war das neue Zentrum fertig. Es verfügt über einen ansprechenden Verkaufsraum (»Naturladen und Teestube«), einen Seminarraum im Obergeschoß, den sogenannten

Wappensaal – seine Wände zieren 28 Bärenwappen, darunter auch das Marktwappen von Karlstein – und eine Küche. Die Besucher sollten auch ein Mittagsmenü bekommen, und zwar ein vollwertiges, vegetarisches.

Am 11. Jänner 1998 fanden die Eröffnung und die feierliche Segnung des neuen Zentrums durch Abt Joachim von Geras statt. Unter den prominenten Gästen war Gustav Peichl (vulgo »Ironimus«), der für die Innengestaltung (durch den Karlsteiner Architekten Franz Friedreich) höchstes Lob aussprach. Auch der Bildhauer Hans Muhr bekam wieder Arbeit: Nachdem er schon 1987 den Kneipp-Brunnen vor dem Beratungsstüberl geschaffen hatte, folgten nun im Innenbereich des Zentrums drei große Rosenquarzskulpturen, die einen Dreifaltigkeitsbrunnen bilden.

Man nannte es zunächst Seminarzentrum, da darin Platz genug war, um Seminare und Vorträge für größere Gruppen abzuhalten. Zudem konnte hier auch für die Verköstigung größerer Gruppen gesorgt werden. Im »Kleinen Beratungsstüberl« nebenan wurde die Abteilung für Trachtenmoden und Waldviertler Schuhe (auch damit wurde damals gehandelt!) untergebracht. Es hieß ab nun »Unterm Spitzdachl«.

Was noch fehlte, war der Kräutergarten. Dazu die Vorgeschichte: 1997 besuchte Pfarrer Weidinger ein Kloster der Zisterzienserinnen in Dänemark. Die geistlichen Schwestern hatten ihn eingeladen, damit er sie bei ihren landwirtschaftlichen und gärtnerischen Aufgaben berate. Die Folge war, dass vier junge Schwestern zwei Jahre darauf mehrere Wochen in Karlstein zubrachten, um beim Kräuterpfarrer in die Lehre zu gehen. Im Sinne von »learning by doing« arbeiteten sie auch im Kräutergarten mit. Beim Kräuterfest am 15. August 1999 wurde der Garten offiziell eröffnet und gesegnet.

Etwas ganz Besonderes war – und ist bis heute – das vegetarische Vollwert-Restaurant. In diesem Zusammenhang sei erwähnt, wie sich Weidinger sukzessive seiner diversen »Laster« entledigt hat: Um 1980 sah man ihn noch sein Pfeifchen rauchen. Das hatte sich bald ausgeraucht. Bei den Kräuterschnäpsen und -likören ging es nicht nur um die Wirkung, sondern auch um die geschmackliche Abrundung. Ich erinnere mich, dass er uns manchmal bei Vorstandssitzungen Kostproben kredenzte und unser Urteil wissen wollte. Um bei sich selbst einer möglichen Alkoholneigung vorzubeugen, entschloss er sich, gänzlich auf Alkohol zu verzichten. Das galt auch für die heilige Messe, wo er mit bischöflicher Erlaubnis den Messwein durch Traubensaft ersetzte. Irgendwann ging es auch ohne Kaffee, schließlich war er nicht der Kaffee-, sondern der Teeprediger! Des Weiteren verzichtete er auf Fleischkost und wurde Vegetarier, drängte diese Lebensweise jedoch nie jemandem auf. In diese Zeit fiel die Fertigstellung des Seminarzentrums, daher entschied man sich für eine vollwertige und vegetarische Küche. Mit Elisabeth Witzer, der Schwester von Melitta Blaim, hatte er die ideale Köchin dafür gefunden. Sie hatte bald einen enormen Schatz an Rezepten gesammelt – die Grundlage für ein geplantes *Kochbuch des Kräuterpfarrers* –, und die Gäste staunten, wie köstlich auch vegetarische Kost sein konnte.

Seminare ...

Das neue Zentrum lief sehr gut an. Bereits im ersten Jahr wurden 120 Reisegruppen gezählt, davon hörten circa hundert einen Vortrag des Kräuterpfarrers. Den Jahreshöhepunkt aber bildeten stets die Seminare. Kräuterseminare mit Pfarrer Weidinger waren immer ein besonderes Erlebnis, ob in weit entfernten Seminarorten oder auch in Karlstein, wo schon einige Jahre vor der Eröffnung des neuen Zentrums Seminare abgehalten worden waren. Hier war der Heilkräuterverein selbst Veranstalter. So hatten etwa im Sommer 1994 54 Teilnehmer ein dreitägiges Seminar in Karlstein besucht. Man war aus fast allen österreichischen Bundesländern, aus München, Ulm und Essen angereist. Krankenschwestern und Studierende der Medizin, Hausfrauen, Chefköche und Biobauern, Lehrer und Akademiker, sie alle erlebten den Kräuterpfarrer hautnah und waren begeistert. Unter Anleitung des hauseigenen Fachpersonals durften die Teilnehmer im Kräuterhof selbst Tees und Salben zubereiten. Der Mitarbeiterstab erntete höchstes Lob, besonders gefragt war das Beratungsteam. Auch im Sommer 1995, drei Jahre vor der Eröffnung des neuen Zentrums, hatten drei Seminare stattgefunden. Manche Teilnehmer waren von weit her gekommen, etwa aus Udine, Erfurt oder Berlin – und aus den USA(!). Als Quartier diente damals das Internat der Karlsteiner HTL.

Für die Kräuterwanderung suchte sich Weidinger stets besondere Plätze aus, zum Beispiel den »Kneipp-Weg« in Kautzen – Wassertreten inklusive. Tagsüber übte man sich im Zubereiten von Kräutern, abends wurde es besinnlich, meist auch musikalisch, denn es galt, die Abschlussmesse am Sonntag vorzubereiten. Dazu formierten sich Seminarteilnehmer und Mitarbeiter zu einem gemeinsamen Chor. Gegen Ende der Ferien gab es jeweils ein Seminar speziell für Lehrerinnen und Lehrer.

Ab 1998 fanden die Seminare jährlich im neuen Seminarzentrum statt – mit großem Erfolg: 2001 kamen fünfzig Teilnehmer aus acht Bundesländern und aus Deutschland, manche zum ersten Mal, andere zum x-ten Mal – eine Familie aus der Steiermark war insgesamt 15 Mal dabei. »Wenn ich in die dankbaren Gesichter blicke und weiß, dass ich den Menschen etwas geben kann, dann muss ich mich wohl auch für die nächsten Seminare rüsten«, sagte Weidinger. 2003 kamen siebzig (!) Teilnehmer. Es war Weidingers letztes.

Die Causa Jakob Kern –
und Weidingers Lebenshöhepunkt

In seinem letzten Lebensjahrzehnt hat sich Hermann-Josef Weidinger einem besonderen Ziel verschrieben: Bereits 1960 hatte er ein Büchlein *Sühnepriester Jakob Kern* geschrieben, über einen Mitbruder vor seiner Zeit, den er als leuchtendes Vorbild betrachtete: Jakob Kern, Prämonstratenser des Stiftes Geras. Er lebte von 1897 bis 1924: ein kurzes Leben, aber »im Ruf der Heiligkeit«, wie man sich einen Heiligen im 20. Jahrhundert vorstellt, vorbildlich in allen Lebenssituationen, auch als Leutnant im Ersten Weltkrieg. Nach schwerer Verwundung (1916) begleitete ihn in der Folge das Leiden bis in den Tod. Er hatte nie die Waffe gegen einen Menschen gerichtet, sich aber zu gefährlichen Wachdiensten freiwillig gemeldet und war ein Vorbild für alle. Als im Kloster Strahov in Prag ein Prämonstratenser-Chorherr seinem Priesterberuf den Rücken kehrte – unerhört in der damaligen Zeit und für viele Kirchenfeindliche ein willkommener Anlass zum Spott –, entschloss sich Jakob Kern zum Ordensberuf, als »Sühnepriester«. Alle, die ihn kannten, sahen in ihm einen Heiligen. Jakob Kerns Ausspruch »Gott braucht Menschen« war allemal auch Weidingers Maxime gewesen.

Die Vorstufe zur Heiligkeit ist die Seligsprechung. Diesen Prozess im Vatikan in Gang zu setzen, war sein Ziel, gemeinsam mit seinem Abt Joachim Angerer. Weidinger war Vizepostulator. In seinem ersten Büchlein über Jakob Kern hatte er bereits die wichtigsten Recherchen vorgelegt. Er initiierte einen »Gebetssturm« (auch via *Ringelblume*), und da Jakob Kern österreichischer Offizier war, organisierte er zu Kerns siebzigstem Todestag am 20. Oktober 1994 in der Wiener Neustädter Militärakademie eine Pressekonferenz, die mit einem Festgottesdienst endete, und zwar in der St. Georgs-Kathedrale mit Militärbischof Christian Werner.

Im Vatikan kam es zu mehreren persönlichen Audienzen bei Papst Johannes Paul II. Mit dem Papst aus Polen, einem Kämpfer und zuletzt schwer Leidenden, war er auf gleicher Wellenlänge. Der äußere Höhepunkt in Weidingers Leben war wohl, als am 21. Juni 1998 beim Besuch des Papstes auf dem Wiener Heldenplatz die Seligsprechung des Jakob Kern vollzogen wurde. Seinen persönlichen Lebenshöhepunkt erlebte Hermann-Josef Weidinger einige Zeit davor: die heilige Messe in Konzelebration mit dem Papst in dessen Privatkapelle. »Wir waren eine Schar von Priestern aus aller Welt. Ich hab' mich brav hinten angestellt – und der Heilige Vater hat mich an seine rechte Seite geholt!«

Im Anschluss an das erste Büchlein über Kern aus den Sechzigerjahren schrieb Weidinger *Jakob Kern – Durch Leid zum Licht* (1999), sein letztes Buch, in dem er nicht nur die Causa Jakob Kern dokumentierte, sondern in das er auch sein persönliches priesterliches Glaubensbekenntnis hineinlegte. Bei der Lektüre dieses Buches muss ich immer an die Worte von Anton Bruckner denken: »Wenn mich der liebe Gott dereinst fragen wird, was ich aus meinen Talenten gemacht habe, werde ich ihm die Partitur des *Te Deum* überreichen und ihn bitten, er möge mir ein gnädiger Richter sein.«

Dem Ziel entgegen

Er konnte mit jedem

Vom einfachen Menschen bis zum Papst – Weidinger konnte mit jedem und sprach dessen Sprache. 2001 brachte Thomas M. Laimgruber, einer von Weidingers Fotografen und Buchillustratoren, die Videoserie *Mit dem Kräuterpfarrer durch die vier Jahreszeiten* heraus. Weidinger in Wort und Bild: Hier zieht er alle sprachlichen Register, von Hochdeutsch bis zur »Oi-Mundart« (goissn = gießen).

Von vielen Persönlichkeiten, mit denen Hermann-Josef Weidinger als Gesprächspartner oder als Freund in Kontakt stand und die ihn schätzten, war schon die Rede. 1994 holte er Otto Habsburg als Referenten zur Generalversammlung des Vereines nach Karlstein, nachdem er ihn viele Jahre zuvor (kaum, dass der Kaisersohn nach Österreich einreisen durfte) bereits bei seinen Harther Festwochen als Redner engagiert hatte. Ähnlich verhielt es sich mit Rudolf Kirchschläger, den Weidinger von der Schule in Horn kannte. Damals in Harth war er noch Außenminister, später dann, als er Bundespräsident war, sagte er zu Weidinger: »Vergiss nicht, wir sind per Du!« Seine Gattin Herma war Mitglied unseres Vereines. Auch für die nächsten Bundespräsidenten war der Kräuterpfarrer kein Unbekannter. 1988, bei der Karlsteiner 800-Jahr-Feier, besuchte Kurt Waldheim das neue Beratungsstüberl, zehn Jahre später gratulierte Thomas Klestil mit herzlichen Worten zum achtzigsten Geburtstag, Bundeskanzler Wolfgang Schüssel zum 85.

Erhard Busek, damals Wiener Vizebürgermeister, hatte Weidinger einmal als Referenten in den *Bunten Vogel* eingeladen, 1990 beim Symposium »Grenze und Nachbarschaft« in Karlstein gab es wieder eine Begegnung mit dem nunmehrigen Außenminister und Vizekanzler. Bundesministerin Maria Rauch-Kallat war zweimal in Karlstein, zuletzt bei der Generalversammlung des Vereines im Jahr 2003.

Niederösterreichs Landeshauptmänner Maurer, Ludwig und Pröll schätzten den Kräuterpfarrer. Andreas Maurer eröffnete 1980 gemeinsam mit Gesundheitsminister Salcher das Paracelsushaus. Zu Siegfried Ludwig hatte Weidinger ein persönliches Naheverhältnis, stammte doch dessen Gattin Herlinde aus der Pfarre Harth. Ludwig war bei vielen Anlässen dabei, zuletzt bei Weidingers neunzigstem Geburtstag (2008 posthum) im Wiener Stephansdom. »Herr Landesrat rückt den Tisch zurecht«, so beschrieb der Kräuterpfarrer seine erste Begegnung mit Erwin Pröll anno 1980. Auf Ersuchen von Landeshauptmann Josef Krainer schrieb Weidinger 1991 ein Kräuterheftchen für die Steiermark, wo er auch besonders viele Vorträge hielt. »Für Verdienste um die Land- und Forstwirtschaft der Steiermark« überreichte man ihm die Kammermedaille in Silber und 1993 das Große Goldene Ehrenzeichen des Landes Steiermark. In der politischen Couleur von Weidingers Freunden überwog schwarz, wenngleich er auch zu Rot, Blau und Grün gute Kontakte hatte.

Am politischen Geschehen war er stets sehr interessiert. Ich erinnere mich an viele Gespräche, die oft damit begannen: »Was sagst du dazu …?« Ergänzend sei daran erinnert, dass Weidinger in jungen Jahren mit Chiang Kai-shek und John F. Kennedy (damals Senator) Gespräche führte, im Zuge seiner Weltreise im Auftrag von Kardinal Montini, dem späteren Papst Paul VI. Die Begegnung mit Johannes Paul II. war der Höhepunkt seines Lebens.

In der Kirchenhierarchie war Hermann-Josef Weidinger nur ein einfacher Pfarrer, wenngleich in jungen Jahren bereits Ordensoberer auf Formosa und viele Jahre später im Diözesan-Priesterrat sowie im Abtsrat (das heißt, im engen

Führungskreis) des Stiftes, aber er war auf Augenhöhe mit Bischöfen und Äbten.

Der Tiroler Diözesanbischof (und spätere Salzburger Erzbischof) Alois Kothgasser war 1999 Referent in Karlstein. Mit dem Kärntner und späteren steirischen Diözesanbischof Egon Kapellari stand er in engem Kontakt, und dieser hat gemeinsam mit dem St. Pöltener Diözesanbischof Klaus Küng 2008 im Wiener Stephansdom die Jubelmesse zu Weidingers neunzigstem Geburtstag zelebriert. Auch an Weihbischof Alois Stöger und Militärbischof Christian Werner sei hier nochmals erinnert. Zu Weidingers 75. Geburtstag standen alle drei Waldviertler Äbte Joachim Angerer (Geras), Bertrand Baumann (Zwettl) und Bernhard Naber (Altenburg) mit ihm am Altar. Abt Othmar Rauscher (Schlierbach), Weidingers Vorgänger als Obmann, kam 1995 bei einem Verkehrsunfall ums Leben, wie sein Bruder Karl, der Gründer des Vereines. Zum Mühlviertler Prämonstratenser-Stift Schlägl stand Weidinger ebenfalls in engem Kontakt, schon durch den Kräutergarten seines Mitbruders Norbert Pühringer in Klaffer, sowie auch mit Abt Martin Felhofer.

Seine Äbte von Stift Geras, Otto Karasek und Joachim Angerer, wussten, was sie an ihm hatten. Im Kreise seiner Mitbrüder war Hermann-Josef ein Freund und Förderer, vor allem der Jüngeren. In der *Ringelblume* berichtete er über die grenzüberschreitenden Initiativen und das internationale Sommerlager seines Mitbruders Andreas Brandtner in Langau. Milo Ambros holte er in den Vereinsvorstand, und als dieser gemeinsam mit Bernhard Schelpe nach Brasilien ging, fuhr Weidinger dorthin auf Besuch.

Schließlich zog er zwei der Jüngsten an seine Seite und in den Vereinsvorstand: Sebastian Kreit, geistlicher Betreuer des Fastenzentrums und Pfarrer in Pernegg, und zu guter Letzt Benedikt Felsinger, der nunmehr sein Nachfolger als Kräuterpfarrer ist. Um Weidinger zu entlasten, stellte das Stift den jungen Mitbruder Benedikt als Kaplan an seine Seite, und obwohl der Pfarrer nach und nach mehr in Karlstein als in seinem Pfarrhof wohnte, nahmen ihm das seine »Schäflein« in Harth nicht übel. Sie waren stolz auf ihren Pfarrer.

2002 war Günther Nenning Gastreferent in Karlstein, nachdem er bereits 1998 sein Buch *Gott ist ver-rückt (sic)* dort präsentiert hatte. Weidinger und Nenning hatten sich Jahre davor im Zusammenhang mit der Besetzung der Hainburger Au (gegen ein geplantes Donau-Kraftwerk) kennengelernt. Unter den prominenten Journalisten ist Hans Dichand zu nennen. Auf einer ganz anderen Wellenlänge war Dieter Dorner. Mit ihm und mit seiner Gattin, einer Ärztin, die sich auf Homöopathie spezialisiert hatte, verband den Kräuterpfarrer eine enge Freundschaft. Wann immer er in der Südsteiermark unterwegs war, kehrte er bei den Dorners in Mureck ein. Im Dezember 2003 besuchten sie ihn in Karlstein. Es sollte das letzte Zusammentreffen sein. Nach Dorner war es Hademar Bankhofer, der den Kräuterpfarrer als ORF-Moderator immer wieder in seine Sendungen einlud. Bankhofer ist bis heute treues Mitglied des Vereines.

Weidinger war ein Freund der Künstler und in Zusammenhang mit seinem Wirken auch deren Auftraggeber: als Illustratoren seiner Bücher der Maler Adolf Blaim, der Grafiker Emil Jaksch und der Karikaturist Georg Schulnig sowie die Fotografen Thomas M. Laimgruber, Helmut Heimpel, Gerhard Hofstätter und sein Mitbruder Sebastian Kreit. Ferner beschäftigte er die Bildhauer Josef Elter (Karl-Rauscher-Stein) und Hans Muhr (Kneipp-Brunnen und »Dreifaltigkeit«) und den Karlsteiner Architekten Franz Friedreich (Seminarzentrum).

Fachleute der Naturheilkunde, Therapeuten, Heilpraktiker, aber auch Ärzte und Apotheker zollten ihm Anerkennung: Hans Neuner, Maurice Mességué, Willi Dungl und viele andere. Sein Referat vor der Bezirksärzteversammlung beschrieb er treffend im Teekarten-Paket Nr. 3. Viele Apotheker waren und sind Mitglieder des Vereines.

»Wie war Weidinger?« Dieses Frageblatt legten wir im Ausstellungsraum im Kräuterpfarrer-Zentrum auf, zur freien Eintragung. Darauf stehen durchwegs positive Worte. Wie war er im alltäglichen Umgang mit den Menschen? Na ja, als Chef konnte er zu den Mitarbeitern schon ruppig sein, und er verlangte auch viel von ihnen. Er war aber nie nachtragend und im Großen und Ganzen sehr väterlich. Er hörte gerne die Meinungen seiner Getreuen im Vereinsvorstand, war aber unerbittlich im Durchsetzen seiner Pläne. Seine engsten Mitarbeiter kannten natürlich auch seine menschlichen Schwächen. Aber welches Genie ist aus der Nähe schon immer leicht auszuhalten?

Wirtschafter – und Priester

Natürlich gab es auch Menschen, die Pfarrer Weidinger nicht so gut gesinnt waren. Wer kann es schon allen recht machen? Man sagte, er sei ein guter Wirtschafter gewesen. Wie passte das mit dem Priester-Sein zusammen? Hier gilt es, mit dem Vorurteil aufzuräumen, dass Geschäftstüchtigkeit und geistliche Berufe einander ausschließen. Sich einen Pfarrer nur »blauäugig« und bettelarm vorzustellen, ist nicht nur romantisch, sondern auch naiv. Vielen Menschen, Mitbrüdern und auch Mitarbeitern hat er oft aus seiner eigenen Tasche geholfen!

Für sich selbst war Hermann-Josef Weidinger bescheiden und anspruchslos. Gut zu wirtschaften, hat er bereits in jungen Jahren in China gelernt, als es galt, Mittel aufzutreiben und zu verwalten. Für seine Pfarre und die Kulturwochen in Harth sowie für die großen Projekte in Karlstein hat er es verstanden, Politiker und Förderer zu gewinnen.

Den verantwortungsvollen und kontrollierten Umgang mit den Ressourcen erklärte er mit einer charakteristischen Handbewegung: »Ich mach es halt so …« Dabei hielt er die beiden Hände wie eine geschlossene Schüssel, dann spreizte er die Finger auseinander: »Wenn du's zu groß gibst, rinnt dir alles durch die Finger wieder aus!«

Seine Popularität und die Möglichkeit, an viele Menschen heranzukommen, nützte er für seinen Beruf als Seelsorger. Wo immer er sprach, sprach er als Priester, als unermüdlicher Prediger und Augenöffner für das Wunderwerk der Schöpfung und ihrer Bewahrung.

Er hatte einen festen Glauben und ein tiefes Gottvertrauen. Die Krankenschwester im AKH, die ihn in seinen letzten Lebenswochen betreute, sagte: »Ich hab's nicht so mit der Religion, aber dieser Mann berührt mich sehr.« Seine Überzeugungskraft und sein feuriges Herz waren bis in seine letzten Tage spürbar. »Feurigen Herzens ruft hinaus, dass ich die Liebe bin …« war eines seiner Lieblingslieder.

Weltbürger

Hermann-Josef Weidinger konnte nicht nur mit jedem reden, er war auch sehr sprachgewandt. Er sprach mehrere Sprachen, nicht nur »Waldviertlerisch« und Hochdeutsch. 1983 etwa nahm er in Bobbio bei Genua an einem internationalen wissenschaftlichen Symposium zur Medizin von Hildegard von Bingen teil – Kongresssprache war Italienisch. Aufgrund der Nähe zu Latein, das ihm als Priester natürlich geläufig war, fiel ihm Italienisch nicht schwer. Zudem hatte er 1938 vor seiner Abreise nach China einen elementaren Italienisch-Sprachkurs in Turin absolviert. In Macao sprach man Portugiesisch, in Hongkong Englisch, und bei seinen Übersetzungen ins Chinesische arbeitete er mit Sprachstudenten aus aller Herren Länder zusammen.

Dabei intensivierte er auch seine eigenen Chinesisch-Kenntnisse, die er in seinen 15 Jahren im Reich der Mitte schließlich perfektionierte.

Man konnte ihn also »wohin schicken«: 1952/53 im Auftrag des Vatikans auf Weltreise (die dann in der Heimat ein jähes Ende nahm und sein Leben veränderte) oder 1987 zu einem internationalen Gesundheitskongress nach Togo in Westafrika.

Seine beiden Mitbrüder Bernhard Schelpe und Milo Ambros, Letzterer war zuvor Vorstandsmitglied im Verein gewesen, gingen 1994 nach Brasilien, wo sie in einem Armenviertel von Salvador/Bahia eine Pfarre mit 60 000 Einwohnern übernahmen. Bei der feierlichen Übergabe durch Kardinal Neves war Weidinger als Vertreter des Abtes dabei. Er war tief beeindruckt von der Begeisterungsfähigkeit der vielen jungen Menschen.

Bereits 1983 war er in der Schweiz Führer und Prediger bei einer Bußwallfahrt vom Kloster Engelberg bis auf 2000 m Höhe für die leidenden und kranken Menschen in aller Welt gewesen. Er war bei den Benediktinerinnen in Fulda und bei den Zisterzienserinnen in Dänemark, als Lehrer und als Lernender, denn er war auch in vorgerückten Jahren überzeugt: Das Lernen hört nie auf.

Nach mehreren Reisen nach Rom und den persönlichen Begegnungen mit dem Papst pilgerte er 1998 nach Israel und dreimal (2001–2003) nach Lourdes. Und das alles bei mehr als 200 Vorträgen im Jahr in ganz Österreich und in Südtirol. 1998, im Jahr seines achtzigsten Geburtstages, zählte man 220 Vorträge, davon hundert in Karlstein und 120 auswärts. Weidinger legte in diesem Jahr 72 674 Kilometer zurück.

»A-E-I-O-U – Österreich mag Sie!«

Weidingers physischer und geistiger Einsatz als Vortragender, Buchautor, Medienapostel, Chef eines Unternehmens und nicht zuletzt als Seelsorger ist unbeschreiblich. Allein vierzig Bücher in zwanzig Jahren! Das macht ihm kaum jemand nach. Die Öffentlichkeit wusste um diese Leistungen. Land, Bund und Kirche ehrten ihn zu Lebzeiten mit hohen Auszeichnungen.

Den Titel »Monsignore« hatte er schon in jungen Jahren in China erhalten. Er machte nie Gebrauch davon. Die Ernennung zum Konsistorialrat erfolgte zu seinem 75. Geburtstag. Nach Auszeichnungen des Landes Niederösterreich bekam er 1996 den Ehrentitel Professor verliehen – darauf war er sehr stolz, obwohl er sich nie so nennen ließ –, und 2001 bekam er das Goldene Ehrenzeichen für Verdienste um die Republik Österreich.

Zum achtzigsten Geburtstag, zu einem Zeitpunkt, da der Durchschnittsösterreicher bereits zwanzig Jahre (oder mehr) im Ruhestand ist, machte er sich selbst mit der Eröffnung des Seminarzentrums das schönste Geschenk. Die Schar der prominenten Gratulanten war groß: Bundespräsident Klestil fasste in seinem Glückwunschschreiben das Wirken des Hermann-Josef Weidinger, wie folgt, zusammen: »... Nach einem bewegten Leben als Missionar wirken Sie nun schon seit vielen Jahren als besonders volksnaher Seelsorger im Waldviertel. Mit Ihrer publizistischen Arbeit als Kräuterpfarrer in so vielen Medien und in Ihren Büchern haben Sie sich in bewundernswerter Weise auch der Gesundheit der Menschen angenommen und werden weit über Ihren unmittelbaren Wirkungskreis hinaus durch Ihre ganzheitliche Lebenshilfe hochgeschätzt. Ich wünsche Ihnen weiterhin viel Vitalität, Lebensfreude und Schaffenskraft!«

Und Hans Löw, Generalsekretär des Kneipp-Bundes, schrieb: »Ich freue mich darüber, dass auch die Öffentlichkeit an diesem Ihrem Jubelfest so regen Anteil nimmt ... Österreich mag Sie!«

Auch Weidingers 85. Geburtstag war ein großes Fest. Der Jubilar selbst zitierte dazu jedoch den Wahlspruch der Habsburger, »A-E-I-O-U«, und deutete ihn auf seine Weise: »Alte Esel jubilieren ohne Unterlass!«

Nach der Festmesse sah man in der Stiftskirche zwei Kraft-bündel lachend die Fäuste ballen, Landeshauptmann Erwin Pröll und den Jubilar – »… für die gemeinsame Sache«. Lachend schnitt er auch im Kreis seines Mitarbeiterteams in Karlstein die Geburtstagstorte an. Dazu das Glückwunschschreiben eines Mitgliedes: »Zu Ihrem 85. Geburtstag möchte ich herz-liche, aufrichtige Wünsche senden! Ihre Richtungsweiser im Guter-Morgentipp haben sicher auch einen feinen Riecher für meine Verfassung gehabt. Sie sind nicht nur für mich zu einem faszinierenden Lehrmeister des wohlgeordneten Planes der Natur geworden. Mögen Sie vollkommenen Lohn für die tat-kräftige Liebe in der Ewigkeit erhalten!« Leider sind uns nur mehr die Initialen dieses Gratulanten bekannt. Er hat dem Schreiben einen Spruch von Pestalozzi vorangestellt:

> Die Liebe besteht nicht in Worten,
> sondern in der Kraft des Menschen,
> die Last der Erde zu tragen,
> ihr Elend zu mildern
> und ihren Jammer zu beheben.

Auf sein Alter angesprochen, sagte der Kräuterpfarrer: »Ich habe geträumt, dass mich der Herrgott 104 Jahre alt werden lässt und mir damit noch die Zeit gibt, viel zu leiden.« Das hat ihm sein Herrgott wohl erspart. Seinen neunzigsten Geburtstag hat Hermann-Josef Weidinger nicht mehr erlebt, wir haben ihn aber ganz groß gefeiert – im Stephansdom!

Ein Platz unter den Großen?

In den Rahmengeschichten der Teekarten-Pakete *Ein guter Rat vom Kräuterpfarrer* stellt Weidinger viele Große der Natur-heilkunde und der Medizin vor: Hippokrates, Theophrastus,

Walahfrid Strabo, Hildegard von Bingen, Albertus Magnus, Conrad von Megenberg, Hieronymus Bock, Otho Brunnfels, Leonhart Fuchs … Er hat sie alle studiert. Eine Kneipp-Büste hatte er auf seinem Schreibtisch. In der Schweiz wandelte er auf den Spuren des Paracelsus. Ein großes Kleinod, das er sein Eigen nannte, ist ein Faksimile von Dioskurides. Es ist bis heute ein wertvolles Stück im Kräuterpfarrer-Zentrum, ein Jahr lang (2015/16) war es als Leihgabe für eine Ausstellungsreihe auf Tournee durch die großen Städte Japans. Weidinger sah sich eingebunden in diese große Tradition. Bei Führungen im Kräuterpfarrer-Ausstellungsraum zeige ich jeweils eine Tafel mit den Namen:

Hildegard
Paracelsus
Kneipp
Weidinger?

Ein Platz unter den Großen der Naturheilkunde – mit Frage-zeichen. Ist das anmaßend? Kann man das sagen, eineinhalb Jahrzehnte nach seinem Tod? Wer soll es sonst sagen, wenn nicht wir, die wir sein Werk weitertragen? In Anbetracht des-sen, was er uns an realem und geistigem Erbe hinterlassen hat, braucht man sein Licht nicht unter den Scheffel zu stellen. Die Nachwelt wird es beurteilen, auch Sie, wenn Sie dieses Buch gelesen oder Hermann-Josef Weidinger vielleicht noch persön-lich gekannt haben.

Lebensmut und Optimismus

Papst Johannes Paul II. war in seinen letzten Jahren schwer von der Parkinson-Krankheit gezeichnet, ebenso einer der engsten Mitarbeiter Weidingers im Vereinsvorstand, der Lokalpresseredakteur Ernst Gratzl, der anno 1979 nach Rauschers Tod als Erster die Idee hatte, Weidinger ins Boot zu holen. Das ging Weidinger ziemlich nahe. Er folgte daher gerne der Einladung zum Parkinson-Kongress in Hagenbrunn. Dort segnete er eine Skulptur, die ihr Schöpfer »Lebensmut« genannt hatte. Eine verkleinerte Kopie davon steht vor der Karlsteiner Kirche, denn für die nächsten Kongresse war Karlstein Gastgeber. Lebensmut kann man jedem Leidenden ans Herz legen. Man sagt, er hilft oft wirklich bei der Heilung, zumindest jedoch im Weiterleben mit dem Leiden. Landläufig sagt man: »Nur den Hamur net verliern!«

Lebensmut war eine Maxime im Leben des Hermann-Josef Weidinger. Ein anderer Leitspruch, den er uns ans Herz legt, ist »Gelassenheit und Zuversicht«. Wie in der Einleitung erwähnt, ist im Schauraum des Kräuterpfarrer-Zentrums Weidingers legendäre »Olympia«-Schreibmaschine ausgestellt. Weidinger schrieb darauf den Großteil seiner Manuskripte.

Eingespannt in diese Schreibmaschine ist Weidingers letztes Blatt Papier, es sollte für die Kolumne in der *Kronen Zeitung* sein, geschrieben am 16. Jänner 2004, Weidingers 86. und letztem Geburtstag. Der Text ist unvollendet geblieben, zeitlos ist aber die Überschrift. Kaum eine Aussage charakterisiert Hermann-Josef Weidinger besser als diese: »Gelassenheit und Zuversicht.«

Gelassenheit: Nicht in Panik verfallen! Die Dinge nehmen, wie sie kommen. Keine Angst, es wird schon gut gehen! Und Zuversicht. Für sie bedarf es des Optimismus. Weidinger war stets ein Optimist, sonst wäre er nicht so erfolgreich gewesen. »Trink ma a Schalerl Optimismustee«, war ein geflügeltes Wort von ihm. »Mit Pessimismus hat noch niemand etwas weitergebracht«, sagte er auch.

Der Faustschlag

Der Landeshauptmann und der Kräuterpfarrer mit geballten Fäusten, aber lachend. So kannte man sie. So sah man sie an Weidingers 85. Geburtstag. Die Festpredigt hielt der Jubilar selbst. Man vergaß sein Alter, als er mit fester Stimme in der Stiftskirche jene Stationen in seinem Leben skizzierte, wo – nach seinen Worten – die göttliche Vorsehung ihre Hand spüren ließ und ihm nicht nur einmal das Leben geschenkt hatte. Das Mitarbeiterteam hatte sich wieder zu einem Chor formiert, und wir sangen: »Feurigen Herzens ruft hinaus, dass ich die Liebe bin …!« Ja, sein feuriges Herz pochte noch kräftig.

Das Jahr 2003 war ein starkes Jahr, wie die meisten davor auch. Siebzig Teilnehmer beim Seminar: Das war ein absoluter Rekord! Und immerhin noch an die hundert Vorträge. Bei der Generalversammlung im November zogen wir wie immer eine stolze Bilanz. Ehrengast war Bundesministerin Maria Rauch-Kallat. Danach noch ein Vortrag in Klagenfurt. Es sollte der letzte sein.

Im Jänner 2004 trat Abt Joachim Angerer ab. Mit dem Kräuterpfarrer Seite an Seite hat er so manches bewegt. Weidinger konnte beim Festgottesdienst in Geras nicht dabei sein, er war im Krankenhaus Waidhofen. Am Krankenbett plauderten wir über die Situation im Stift und über dieses und jenes. Er zeigte mir seine dick angeschwollenen Beine – das Herz schaffte es nicht mehr ganz. Danach kam er nach Wien ins AKH. Meine Frau und ich besuchten ihn wöchentlich. Das eine Mal war er im Tiefschlaf, wir redeten trotzdem auf ihn ein (auf Anraten der Stationsschwester), und wir hatten den Eindruck, dass er darauf reagierte. Beim nächsten Besuch war er wach, das Beatmungsgerät erlaubte es ihm aber nicht, auf unsere Plauderei zu antworten. Plötzlich griff er nach unseren Händen – und schlug mit der Faust drauf! Für uns war es ein Zeichen seines unbeugsamen Lebensmutes. Danach aber wussten wir, dass der

Faustschlag uns allen galt. Wir verstanden es als Aufforderung, sein Werk weiterzuführen.

Einige Tage waren ihm noch daheim inmitten seines Teams gegönnt. Er schmiedete wieder Pläne. Zur Köchin Elisabeth sagte er am Tag vor seinem Tod: »Als Nächstes machen wir das Kochbuch druckfertig.« Die Rezepte und Fotos dafür blieben in der Schublade, die Gerichte aber wurden und werden auch jetzt noch täglich in unserem Restaurant serviert.

Am Ziel

Sonntag, 21. März 2004, Frühlingsbeginn, Fest des heiligen Benedikt. Melitta rief mich an und ließ mich wissen, dass es nun zu Ende ginge. Sie war bei ihm im Krankenhaus Waidhofen. Als ich hinkam, hatte er kurz davor die Augen für immer zugemacht, um 13 Uhr 10 am 31 477. Tag seines Lebens.

Herbeigeeilt war auch Eberhard Wobisch, eine unserer Säulen im Vorstand. Herrn Benedikt, Weidingers eng vertrauten Mitbruder und späteren Nachfolger, konnten wir vorerst nicht erreichen. Er feierte seinen Namenstag, kam aber kurz danach auch ans Totenbett. Zwei Tage zuvor, am Fest des heiligen Josef, hatte er mit Pfarrer Weidinger daheim in Karlstein die Messe gefeiert.

Noch am Totenbett trafen wir die ersten Vorentscheidungen, wie es weitergehen sollte. Das Begräbnis in Geras glich einem Triumphzug. Wieder ertönte:

Gott ist mein Hirt,
mir wird nichts mangeln …
Einst ruh ich ew'ge Zeit
dort in des Ew'gen Haus.

Das Grab auf dem Konventfriedhof ist ein viel besuchter Ort. Hermann-Josef hatte sich das Plätzchen in der Ecke zu Füßen des mächtigen Turmes der Stiftskirche und nahe an der »Jakob-Kern-Kapelle« selbst ausgesucht.

Auf seinen Autogrammkarten viele Jahre davor steht gedruckt: »… und wenn ich noch einmal wählen könnte, ich würde wieder Priester und Ordensmann werden!« »I leb' narrisch gern und gfrei mi riesig aufs Sterb'n«, hatte er oft bei seinen Vorträgen gesagt.

Nicht die Asche beweinen,
sondern die Glut bewahren!

Melitta Blaim

Der Maler Adolf Blaim hatte mit seinen Pflanzen- und Natur-aquarellen viele Weidinger-Bücher und die *Ringelblume* illus-triert. Seine älteste Tochter Melitta trat bald nach der Handels-schule 1981 in den Dienst des Heilkräutervereines, sie wurde Weidingers persönliche Sekretärin und durch ihre Hand gin-gen alle seine Texte, die sie mit großer Perfektion und Sach-kenntnis druckreif aufbereitete. Als der Kräuterpfarrer mit dem Albertus-Magnus-Studienzentrum ein Arbeitsrefugium und neben dem Pfarrhof in Harth auch seinen zweiten Wohn-sitz in Karlstein hatte, führte Melitta, seine »rechte Hand«, auch den Haushalt. Sie machte diese Aufgaben zu ihrem Lebensinhalt.

Am Totenbett des Kräuterpfarrers sagte ich zu ihr: »Melitta, du weißt als Einzige, welche geistigen Schätze noch in den Schubladen beziehungsweise in deinem Kopf gespeichert sind. Wenn wir sein Werk weiterführen wollen, dann weißt du wohl, was auf dich zukommt!« Und ohne Wenn und Aber, obwohl sie eine ganz andere Lebensplanung gehabt hätte, stand sie dazu, denn sie hatte Weidinger versprochen, da zu bleiben und auf den Verein zu achten. Sodann bürdeten wir ihr auch noch die Geschäftsleitung auf. Bis heute führt sie gewissenhaft den Betrieb und zieht es vor, dabei nicht im Rampenlicht zu stehen.

Noch am Todestag kam ein Anruf von der *Kronen Zeitung*, zum einen bezüglich eines Nachrufes, zum anderen wollte man wissen, wie es mit der täglichen Kolumne weitergehen solle. Unsere Antwort war: »Mit dem, was uns Pfarrer Weidinger hinterlassen hat, können wir auf Jahrzehnte die Kolumne bedienen.« Und so war es dann auch. Melitta Blaim übernahm den Löwenanteil, den Rest bestritten Herr Benedikt und ich – für weitere fünf Jahre. Nach einer Zäsur übernahm Herr Benedikt später als neuer Kräuterpfarrer diese Aufgabe allein (natürlich redaktionell betreut von Melitta Blaim).

… aus dem Schatten des Meisters – das Team

Ein treues Mitglied des Vereins »Freunde der Heilkräuter«, das auch an Seminaren teilgenommen hatte, fragte mich beim Begräbnis Weidingers, ob es wieder Seminare geben werde. Ich konnte damals darauf noch nicht antworten, dankte aber für den Impuls. Zu Lebzeiten des Kräuterpfarrers hatte er das ganze Geschehen bestimmt, wir anderen taten unsere Arbeit. Eigeninitiative war kein Thema. Nun aber galt es, aus dem Schatten des Meisters herauszutreten. Und siehe da, es klappte. Jetzt erwies sich die Stärke des Teams, das Weidinger geformt hatte.

Da kam der Impuls zu einem neuen Seminar gerade recht. Wohl vorbereitet starteten wir das erste »Nach-Weidinger-Seminar« im Sommer 2004. Es wurde ein voller Erfolg. Die Teilnehmer – alte und neue – waren voll des Lobes. Im Jahr darauf waren es zwei und dann drei Seminare. Da das Team mit drei Seminaren jedoch an die Grenzen seiner Leistungsfähigkeit kam, blieben wir in Zukunft bei zwei Seminaren jeden Sommer. Die Teilnehmer staunten über die Kompetenz der Mitarbeiter: »Alle wissen alles!« Den i-Punkt setzte aber Herr Benedikt, der es verstand, die »geistige Nahrung« lebensnah und mit Humor einzubringen.

Unser Grundsatz in den Jahren nach Weidinger war: »Nicht die Asche beweinen, sondern die Glut bewahren!« Die Tausenden Mitglieder des Vereines stärkten uns dabei den Rücken. Das Team wurde immer selbstständiger und selbstbewusster. Drei davon absolvierten eine besondere Ausbildung und wurden Kräuterpädagogen. Ein hoher Stellenwert kam und kommt der Beratung zu, sowohl im Verkauf als auch im etablierten Beratungsdienst (telefonisch und schriftlich).

Auch der Vereinsvorstand ist aus dem Schatten des Meisters getreten. Bewährte und neue Mitglieder bringen ihre Ideen ein und tragen gemeinsam die Verantwortung. Das Amt des Obmannes fiel auf mich, weil ich als Einziger von Anfang an dabei war. Die kleine Brücke im Kräutergarten erhielt den Namen »Karlsbrücke«. Ich heiße Karl und habe ein ganz spezielles Verhältnis zu grenzüberschreitenden Brücken. So verstehe ich meine Rolle als Brücke – von Kräuterpfarrer zu Kräuterpfarrer.

Der neue Kräuterpfarrer

Wir haben einen Kräuterpfarrer im Himmel, Hermann-Josef Weidinger, und einen auf Erden, unseren Herrn Benedikt Felsinger.

Wenn man zu Weidingers Lebzeiten danach gefragt wurde, wie es nach seinem Tod weitergehen sollte, sagten wir: »Wir werden sein Erbe weitertragen, und das ist groß genug. Es wird uns kein neuer Kräuterpfarrer vom Himmel fallen.« Damals ahnten wir noch nicht, wie schön sich die Dinge entwickeln würden. Wohl hatte Weidinger Benedikt als Kaplan an seine Seite genommen und dabei gewiss auch an seine Nachfolge gedacht, im März 2004 war die Zeit jedoch noch nicht reif dafür und die Situation schwierig. Im Stift wurde nach dem Abtritt von Abt Angerer der Abt von Schlägl, Martin Felhofer, mit der Führung von Geras betraut. Herr Benedikt und Herr Sebastian waren nach wie vor Prior und Subprior des Stiftes.

Benedikt nannte sich damals noch nicht Kräuterpfarrer, arbeitete jedoch maßgeblich im Verein mit, vor allem bei den Seminaren und in der Medienarbeit, trat dann aber bald aus den Fußstapfen seines großen Vorbildes heraus und brachte sein eigenes Charisma und seinen jugendlichen Schwung mit ein. Seit 2011 schreibt er die tägliche Kolumne in der *Krone* in seiner gewinnenden Art und seinem persönlichen Stil allein. Ihn zeichnet der unmittelbare Zugang, den er stets zu Menschen findet, aus.

Seine eigene Beziehung zur Natur bestand vor allem im Wissen über Bäume und in der Vogelkunde. Durch die Nähe zu Weidinger stieg er in das Studium der Heilkräuter ein, immer tiefer, bis er 2011 sein erstes Buch *Heilkräuter aus dem Klostergarten* vorstellte – ein voller Erfolg! Ab da war der neue Kräuterpfarrer in aller Munde. Bald schon folgte sein zweites Buch: *Für Leib und Seele*.

Leib und Seele – um den ganzen Menschen geht es. Damit steht Benedikt ganz in der Tradition Weidingers. Während sich Pharmaindustrie und Fachmedizin der isolierten Wirkstoffe aus den Pflanzen bedienen und diese speziellen Bereichen des Organismus zuführen, setzt der Kräuterpfarrer die Pflanze als Ganzes in Beziehung zum ganzen Menschen. Natürlich geht es in der Praxis um Kraut oder Wurzel – für Atmung oder Verdauung u. ä. Grundsätzlich steht also nicht die Frage »Was nehme ich wofür?« im Vordergrund. Benedikt sagt: »Kräuter sind Lebewesen, Teil der Schöpfung. Wenn sich der Mensch von ihr isoliert, geht er zugrunde.« Das passt auch zu der Aussage: »Fasten ist mehr als nur Abnehmen. Fasten heißt, sich besinnen, den Blick nach innen richten.« Dass das keine Fantasterei ist, beweist der Zuspruch, mit dem ihm die Menschen folgen. Dazu kommen sein sonniges Wesen und sein Humor. Die in der Einleitung erzählte Anekdote von der Floriani-Messe in Geras spricht für sich. Benedikt ist daher ein sehr gefragter Mensch und Priester. Manchmal sagt er: »Mi z'reißt's.« Andersrum könnte man sagen, man »reißt« sich um ihn: Er kommt Auftritten in Radio und Fernsehen nach, ist Kolumnist mit viel Zuspruch via Facebook, Vortragender, Ehrengast bei Benefizveranstaltungen Seite an Seite mit Künstlern und Politikern, präsent im Kräuterpfarrer-Zentrum und im Paracelsushaus sowie auch im Stift, Symbolfigur für die Region Geras-Thayatal-Karlstein, die sich als Kräuterregion etablieren will; er ist Feuerwehrkurat, Pfarrer und persönlicher Seelsorger für viele Familien und Freunde ...

Der Verein »Freunde der Heilkräuter« heute

War anfangs nur das Paracelsushaus die Hauptarbeitsstätte, so kam auf Weidingers Initiative nach und nach ein Objekt nach dem anderen hinzu und das Ganze hat sich zu einem vielschichtigen und sehr spezialisierten Betrieb ausgewachsen.

Das Paracelsushaus ist nach wie vor die Zentrale des Vereins mit Hauptbüro, Buchhaltung, Versand und Beratung. Im Beratungsdienst arbeiten derzeit drei Mitarbeiter. Es ist oft nicht leicht, mit ihnen ins Gespräch zu kommen, denn meist hängen alle drei (mit Kopfhörern) am Telefon, um Fragen zu beantworten und Ratschläge zu erteilen. Über jede Auskunft wird Buch geführt. Das war von Anfang an so und hat sich unter Weidingers Anleitung immer weiterentwickelt. Mit der Zeit hat sich ein enormer Erfahrungsschatz angesammelt, und die persönliche Erfahrung ging von den Ersten auf die Nächsten und die Übernächsten über, was nicht bedeutet, dass nicht alle von Pfarrer Weidinger persönlich geschult worden sind. Kaum ein Fachmann in Medizin und Pharmazie kann auf einen so reichen Erfahrungsschatz zurückgreifen. Nicht umsonst nehmen so viele Menschen unsere Dienste in Anspruch.

Tür an Tür mit der Beratung ist das Arbeitszimmer von Kräuterpfarrer Benedikt, der jeden Beratungsbrief persönlich unterschreibt und dafür geradesteht. Hier finden auch meist die Gespräche mit den Vorstandsmitgliedern statt.

Vom Beratungsdienst, vom Büro oder vom Geschäft gehen die Bestellungen in den Kräuterhof. Hier werden die Tees gemischt, die Salben gerührt, die alkoholischen Auszüge und Liköre hergestellt sowie die Gebinde etikettiert. Nicht alles lässt sich automatisieren, und die Vielzahl der Produkte erfordert viel Handarbeit. Weidinger sagte stets: »Mit eurer Hände Arbeit gebt ihr eure persönlichen Schwingungen mit, das kann keine Maschine ersetzen.« Um den hygienischen und feuerpolizeilichen Erfordernissen etwa im Alkohollager zu genügen, wurde viel investiert. Vom Kräuterhof wandern die Produkte in den Versand im Paracelsushaus.

Während Paracelsushaus und Kräuterhof nur intern zugänglich sind, ist das Kräuterpfarrer-Zentrum unser offener Bereich. In den Naturladen kommen die Menschen, um sich mit gesunden Sachen und schönen Dingen einzudecken. Auch hier werden sie freundlich und sehr kompetent beraten. Da trifft man sich zu einem Tee- oder Kaffeeplauscherl beziehungsweise zum Mittagstisch. Den Vorgaben Weidingers folgend, gibt es hier ein vegetarisches Vollwertmenü, für Reisegruppen auf Voranmeldung ausnahmsweise auch ein Fleischmenü. Die Küche befindet sich im Untergeschoß, sodass der im ganzen Haus spürbare Kräuterduft nicht beeinträchtigt wird.

Im Kräuterpfarrer-Museum kann man Weidinger per Video sehen und hören, in seinen Büchern schmökern (auch in denen, die nicht mehr erhältlich sind) und vielleicht einige Minuten in stiller Einkehr meditieren. Ein Gang durch den Kräutergarten (eventuell mit Führung) rundet den Besuch ab. Für Seminare, Veranstaltungen, Ausstellungen und Gesprächsrunden gibt es den Wappensaal im Obergeschoß.

Ein großes Aufgabenfeld sind die laufenden und periodischen Publikationen sowie die Aufbereitung der Buchmanuskripte. Die Redaktion und die Geschäftsleitung liegen in den sorgfältigen und verantwortungsvollen Händen von Melitta Blaim.

Ergänzend zum laufenden Geschäftsbetrieb gibt es ein Jahresprogramm mit Schwerpunkt-Samstagen, Kräuterwanderungen und Seminaren.

Beratendes und mitverantwortendes Gremium ist der Vereinsvorstand mit erfahrenen Fachleuten in Wirtschaft und Rechtswesen, stets sind auch ein Arzt und ein(e) Apotheker(in) mit dabei. Sie erfüllen diese Aufgabe ehrenamtlich. Schritt für Schritt kommen jüngere Leute ins Team.

Der Verein zählt rund 16 000 Mitglieder (zu Weidingers Zeiten waren es mehr als 20 000), in Österreich flächendeckend, das heißt, in fast jeder Gemeinde, des Weiteren in Deutschland, Südtirol, von Kanada bis Australien. Bindeglied ist die vierteljährliche Vereinszeitschrift *Ringelblume*.

Was sind nun im »Meer« der vielen Kräuterhändler, -kenner und -aktivisten die sogenannten Alleinstellungsmerkmale? Wir bauen zwar keine Kräuter an, aber wir sind Weltmeister im Mischen von Kräutern nach den bewährten Weidinger-Rezepten. Wiederholt haben Supermarktketten bei uns angeklopft, um einige Tees in ihren Regalen zu positionieren. Wir haben dieser Verlockung widerstanden, denn es hätte unseren Rahmen gesprengt, und wir hätten es nicht mehr geschafft, die breite Produktpalette, die wir Weidinger schuldig sind, zu bedienen.

Bei uns geht es nicht nur um Kräuter im allgemeinen Wellness- und Esoteriktrend, sondern wir haben uns den *Heil*kräutern verschrieben. Das ist eine Gratwanderung gegenüber der Fachmedizin. Möge die Pharmaindustrie noch so perfekte Medikamente (mit isolierten Wirkstoffen aus Kräuterextrakten) herstellen, unsere Sicht ist eine ganzheitliche: die Heilpflanze als lebendes Ganzes für den ganzen Menschen.

Dazu bedarf es einer fachlichen Beratung. Diese gibt es in dieser Form nur bei uns, sowohl im etablierten Beratungsdienst als auch im persönlichen Verkaufsgespräch. Nicht umsonst nehmen so viele Menschen unsere Dienste in Anspruch.

Dass das Ganze nicht nur auf der praktischen Ebene – was nehme ich wofür? – bleibt, sondern auf eine geistige gehoben wird, die den Menschen immer wieder die Augen öffnet für die großen und kleinen Zusammenhänge im Wunderwerk der Schöpfung, dafür haben wir den Kräuterpfarrer – den im Himmel und den auf Erden.

Und schließlich sind wir ein Verein mit Tausenden Menschen, der dieses Werk trägt und weiterführt.

»Weil ich die Menschen liebe ...«

Ich habe versucht, den Menschen und Priester Hermann-Josef Weidinger darzustellen, so wie ich ihn kannte, mit seinen Stärken und auch seinen Schwächen (wer hat die nicht), mit seinen Leistungen, seinem Vermächtnis und seiner Botschaft. Er hat für die Seligsprechung seines Mitbruders Jakob Kern gekämpft. Ist Hermann-Josef Weidinger auch ein Seliger oder gar Heiliger? An dem dafür erforderlichen »Wunder«, an dem die Kirche immer noch festhält, würde es nicht fehlen. Außergewöhnliches ließe sich sicher finden. Wir haben nicht danach recherchiert. Hatte Maria Treben oft von »Wundern« gesprochen, so sagte Weidinger: »Für mich gibt es nur *ein* Wunder – die Auferstehung.« Hermann-Josef Weidinger hat seinen tiefen Glauben überzeugend gelebt und weitergegeben.

Sicher war er ein ganz außergewöhnlicher Mensch. Er kann mit seinem Leben und Wirken für viele ein Vorbild sein. Er hat sich nicht geschont und ist oft an die Grenzen seiner Leistungsfähigkeit gegangen, wenn es galt, den Menschen zu helfen – für viele Tausende mit seinem Werk und seinen Worten, schriftlich und mündlich – und für den Einzelnen, für das DU, in aufopfernder und liebevoller Zuwendung.

Tagebucheintragung von Kräuterpfarrer Weidinger vom 2. Februar 2000, zu Mariä Lichtmess, dem Fest der brennenden Kerzen:

Eine brennende Kerze möchte ich sein. In die Finsternis hineinleuchten. Menschen helfen, ihre Zweifel über die Güte Gottes zu zerstreuen. Ihre Herzen zu öffnen, damit es hell werde in ihren Seelen. Damit sie sich erfassen lassen von der Güte und Barmherzigkeit Gottes. So wie die Kerze sich verzehrt und abbrennt, so möchte auch ich mich im Dienste am Nächsten ganz hingeben. Dabei ganz aufgehen. Damit Gottes Licht immer mehr mich durchleuchten kann und es mir möglich wird, vielen Menschen zu helfen und sie zu retten.

»Weil ich die Menschen liebe.«

Hermann-Josef Weidinger

geboren am 16. Jänner **1918** in Riegersburg, Niederösterreich
naturverbundenes Bauernkind, schon in der Volksschule mit
der Gartenarbeit vertraut
Bürgerschule in Frain (Vranov)/Südmähren, Aufbaumittelschule in Horn, Matura im Missionshaus Unterwaltersdorf bei
Wien
Eintritt in den Orden der Salesianer Don Boscos

1938–1953 in China: Hongkong, Macao, Formosa
Presseapostolat, Gründung eines Verlages
Übersetzung und Verbreitung von Jugend- und religiöser Lektüre
medizinische Praxis in einem Militärspital: Kennenlernen der
chinesischen Medizin
1949 Priesterweihe, Ordensoberer auf Formosa (Taiwan)
Weltreise (USA, Kanada, Europa) im Auftrag des Vatikans zur
Betreuung der Auslands-Chinesen (nach der Machtübernahme
durch Mao Tse-tung)

1953 Heimaturlaub, Vorträge über seine Missionsarbeit
Blinddarmdurchbruch und Malaria, Rückkehr nach China
daher unmöglich
Übertritt in den Prämonstratenser-Orden im Stift Geras

Ab **1954** Pfarrer in Harth bei Geras, Religionslehrer für Schwer-
erziehbare
Errichtung eines Bildungshauses für die jährlichen »Harther
Festwochen«
Collie-Züchter mit internationalen Preisen

im Pfarrgarten intensive Beschäftigung mit Obst und Heilpflanzen, Experimentieren mit Kräutermischungen
legendäre Destillate
Wirken als »Kräuterpfarrer in der Stille«

1980 Eintritt in den kurz davor gegründeten Verein »Freunde
der Heilkräuter« in Karlstein
Senkrechtstart als »Kräuterpfarrer«, Tausende Vorträge in ganz
Österreich und darüber hinaus
Buchautor und Publizist: 40 Bücher und unzählige Artikel,
14 Jahre tägliche Kolumne in der *Kronen Zeitung*, Österreichs
auflagenstärkster Tageszeitung
zahlreiche Hörfunk- und Fernsehauftritte
Beratung – schriftlich, telefonisch, persönlich
Anregung zum Anbau von Heilkräutern, Auf- und Ausbau
eines Betriebes mit an die 30 Beschäftigten zur Produktion und
Vermarktung von Gesundheits-Naturprodukten
Obmann des Vereines mit ca. 20 000 Mitgliedern weltweit
offizieller Vertreter der katholischen Kirche beim Gesund-
heits-Weltkongress in Togo/Westafrika (1987)

Erfolgreicher Einsatz für die Seligsprechung von Jakob Kern
zahlreiche Ehrungen: Goldenes Ehrenzeichen der Republik
Österreich, Titel Monsignore, Professor, u. v. a.; Ehrenbürger
von Macao, Karlstein und Geras
Bedeutende Gesprächspartner: Chiang Kai-shek, John F. Ken-
nedy (noch als Senator), Kardinal Giovanni Montini (später
Papst Paul VI.), Papst Johannes Paul II., Otto Habsburg, Rudolf
Kirchschläger, Kurt Schuschnigg, Erhard Busek, Josef Krainer,
Siegfried Ludwig, Erwin Pröll, Carlos Thompson, Günther
Nenning, Hans Dichand, Dieter Dorner, Willi Dungl, Hans
Neuner, Maurice Mességué

Gestorben am 21. März 2004
letzte Ruhestätte auf dem Konventfriedhof des Stiftes Geras

Sein Werk wird vom Verein »Freunde der Heilkräuter« im Kräuterpfarrer-Zentrum in Karlstein erfolgreich weitergeführt.

2008 posthume Ehrung zum 90. Geburtstag im Wiener Stephansdom

Der Verein »Freunde der Heilkräuter«

1978 gegründet von Pfarrer Karl Rauscher in Karlstein
Herausgeber der Kräuterbroschüre »Gesundheit aus der Apotheke Gottes« von Maria Treben, Verbreitung in Millionenauflage
1979 tödlicher Unfall des Vereinsgründers
1980 Einstieg von Hermann-Weidinger als »Kräuterpfarrer«

Lieblingspflanzen und Rezepte des Kräuterpfarrers

Die Brennnessel reinigt von Harnsäureablagerungen

Die »Brennende Nessel« flößt Respekt ein, weil sie »brennt«. Aber sie brennt auch den Organismus von allen falschen, hinterlistigen Giften, die sich im Winter angehäuft haben, aus. Ihr Geruch und Geschmack sind eigenartig, jedoch nicht unangenehm. Die Anwendung der Brennnessel wirkt erfrischend und befreiend infolge einer gesunden Ausschwemmung. Lassen Sie sie nicht hoch werden. Suchen Sie ein Plätzchen, wo sie sauber wachsen kann, und schneiden Sie sie immer wieder ab. Denn die Brennnessel eröffnet im Frühjahr den Reigen der heilenden sieben Grünen. Rheuma und Gicht, Gelenksschmerzen und zu hoher Cholesterinspiegel, Reißen in den Gliedern, unsaubere Nieren und Harnwege – das alles »reißt sie aus«, lockert es und führt die Giftstoffe durch den Harn ab, die Verachtete in der Ecke. Sammeln Sie die Brennnessel immer frisch, schneiden oder wiegen Sie sie ganz klein. Greifen Sie sie mit bloßer Hand an, sie wird Sie zwar brennen, aber kümmern Sie sich nicht darum. Ertragen Sie es, das bisschen Hautfieber! Denn das ist es ja, was durch die Nessel verursacht wird.

Kräuterpfarrer Weidinger hat die Brennnessel erst mit der Zeit lieben gelernt und schrieb darüber: »Als ich am 1. Mai 1954 meine Pfarre Harth übernahm, gab es so manches, was ich kennenlernen wollte, sollte und musste. Der große Pfarrgarten hatte es mir angetan. Liebe auf den ersten Blick war es … An einer bestimmten Stelle im Garten war Kehricht von Kirche und Pfarrhof abgelagert. In der Folge entstand dort ein ›Brennnessel-Paradies‹. So fand ich es vor. Wollte ›Ordnung schaffen‹. Fing an zu roden, zu graben, zu entwurzeln und zu planieren. Das Ergebnis? Brennnesseln überall. Im ganzen Pfarrgarten sprossen sie. Die Hartnäckigkeit, dieses Hängen am Leben, imponierte mir. Jede Abneigung zu dem ›Un‹-Kraut schmolz dahin. Ein wertvolles ›Heil‹-Kraut wurde es mir. Als Dank dafür schwanden meine Gichtschmerzen an den Händen.

Heute bin ich zum ›Brennnessel-Anwalt‹ geworden. Liebe dieses Heilkraut. Hab' ihm in meinem Garten, der Mauer entlang im tiefgründigen Boden, ein eigenes ›Reservat‹ geschaffen. Wo es wachsen und gedeihen kann. Dort wird die Brennnessel regelmäßig geerntet. Sie treibt immer wieder viele saftige frische Blätter. Ist dankbar für meine Liebe. Und ich lebe gesund – ohne Rheuma und Gicht.«

Brennnessel-Essig

100 Gramm frisch gegrabene, klein geschnittene Brennnesselwurzeln in 1 Liter Weinessig ansetzen, 8 Tage in der Sonne stehen lassen, täglich einmal gut durchschütteln, abseihen. Längere Zeit hindurch jeden Tag früh und abends den Haarboden gründlich mit dieser Mischung durchmassieren, sodass die Fingerspitzen die Kopfhaut fest berühren. Das hilft gegen Haarausfall und Schuppenbildung.

Brennnessel-Samen

Um eine gute Konstitution des Körpers und die Immunkräfte zu fördern, kann man in regelmäßigen Abständen auf die Brennnessel zurückgreifen. Die gut getrockneten Samenkörner werden in einem Mörser leicht zerstoßen. 3-mal täglich nimmt man 1 Esslöffel vor dem Essen ein, um entweder Honig, Wasser oder auch ein Glas Fruchtsaft als Transporthilfe zum Magen in Anspruch zu nehmen. Auf ein Müsli oder über Salate kann man diese Menge ebenfalls drüberstreuen.

Die Goldmelisse vermittelt Herzenswärme

Auf dem ersten Foto im Bildteil sehen wir Kräuterpfarrer Weidinger mit der Goldmelisse (Monarde), die er im Hausgarten bei seinem Redaktionsbüro gepflanzt hatte. Er verliebte sich in jene Pflanze vor vielen Jahren und hielt diese Begegnung mit folgenden Worten fest: »In den Schweizer Bergen, oben auf 1600 Meter Seehöhe, in der Nähe von Luzern. Im Kräutergarten eines Nonnenklosters sind die Schwestern gerade bei der Arbeit des Kräutersammelns, als ich schnaufend ankomme. Was sehe ich? Vor mir zwei große Beete. Das eine im Tiefblau versunken, das andere in ein harmonisches Gemisch von hellscharlachrotem bis purpurrotem Farbenhauch gehüllt. Viele Überraschungen habe ich in der Natur schon erlebt, erleben dürfen, aber diesen Anblick werde ich mein Leben lang nie mehr vergessen. Beide habe ich in meinem Garten, den Lavendel und die Monarde. Jedoch da oben auf den Bergen, in dieser Höhe, bei diesem Licht, da wurde mir so richtig warm ums Herz. Was ich da sah, beflügelte mein Dichten und Trachten.«

»Introvertierte Menschen, die an Wetterfühligkeit leiden und klimatischen Schwankungen unterworfen sind, können leicht das seelische Gleichgewicht verlieren. Diese sind ›Monarden-Typen‹. Goldmelissen-Tee öfters als Tagesgetränk genossen, festigt das ›Ich‹. Fängt Schwankungen ab, stellt das nötige innere Gleichgewicht wieder her.«

Goldmelissen-Beete blühen üppig während des ganzen Sommers. Sie locken Bienen, Hummeln und Schmetterlinge in großer Anzahl an. Dies zu beobachten, ist eine wahre Freude. Es macht uns ruhig und ausgeglichen. Diese seelische Heilwirkung sollte keineswegs übersehen werden.

Die Anwendung der Indianernessel, wie die Pflanze auch genannt wird, stärkt unsere Nerven. Sie baut Erregungen ab, heilt seelische und leibliche Wunden, stimuliert die Magen-

und Darmtätigkeit, fördert die Verdauung und regt den Appetit an. Sie senkt auch Fieber und lindert Husten.

Aus den scharlachroten Blütenblättern, die man täglich zur Mittagszeit abzupft und eventuell für spätere Zeiten gut trocknet, lässt sich ein wohlschmeckender *Tee* gewinnen, der mit seiner goldgelben Farbe das Auge erfreut. Dafür 2 Teelöffel voll frische oder getrocknete Droge mit ¼ Liter kochendem Wasser übergießen, 15 Minuten zugedeckt ziehen lassen, dann abseihen und schluckweise genießen.

Goldmelissen-Blütenblätter kann man auch als Schmuckdroge zu anderen Kräutertees mischen, was diese aufwertet und außerdem unsere Psyche stärkt.

Die frischen, zerkleinerten Blätter der Monarde Speisen beigefügt, verleihen ihnen einen erfrischend-aromatischen Geschmack, außerdem wirken sie appetitanregend und beseitigen Essunlust. Diese Anwendung ist vor allem für eine Gallen- und Leberdiät zu empfehlen. Fein gehackt unter Obstsalate gemischt, werten sie diese durch eine besondere Geschmacksnote auf. Zudem mit frischen Blütenblättern garniert, wird der optische Effekt erhöht.

Goldmelissen-Salbe

Für dieses bewährte Hausmittel sind folgende Zutaten erforderlich: 200 Gramm Schweinedarmfett, das man vorsichtig erhitzt. Dann jeweils 100 Gramm Bienenwachs und 100 Gramm Schaftalg dazugeben. Zuletzt fügt man 50 Gramm getrocknete Goldmelissen-Blüten der flüssigen Masse bei und rührt ca. 10 Minuten beständig um. Etwas überkühlen lassen, durch ein Leinentuch pressen und in braune Tiegelchen füllen. Nach dem Erkalten verschließen und die fertige Salbe an einem kühlen Ort aufbewahren. Hat jemand in der Familie schlecht heilende oder schmerzende Wunden, kann er auf diese Salbe zurückgreifen.

Monardenwein

45 Gramm Goldmelissen-Blüten übergießt man mit 1 Liter naturbelassenem Rotwein und lässt dies in einem verschlossenen Glas 8 Tage in der Nähe eines sonnigen Fensters stehen. Danach abseihen, dunkel und kühl lagern. Stamperl- oder esslöffelweise zu sich genommen, fördert der Monardenwein die Herzenswärme und verhilft der Güte zum Durchbruch.

Hagebutten steigern die Abwehrkräfte

Die »Hetscherl« oder Hagebutten, die im Herbst an den Waldrändern und Feldrainen reifen, gelten ihrer Inhaltsstoffe wegen als wertvolle Früchte. Sie enthalten viel Vitamin C, außerdem andere Vitalstoffe, Mineralstoffe, Fruchtsäuren, Gerbstoffe, Zucker und Vanillin.

Hagebutten-Tee schmeckt angenehm säuerlich. Er wirkt gerade in Erkältungszeiten vorbeugend. Überall dort, wo es im menschlichen Körper an Abwehrkräften mangelt, kann die Hagebutte Erfolg versprechend einspringen. Sie gleicht aus und legt in unserem Körper Reservekräfte an und speichert sie, was besonders Allergikern zugute kommt. Im Herbst, wenn der erste Raureif fällt, sollte man darangehen, die Hetscherl zu sammeln und zu verarbeiten. Hier zwei Rezepte mit diesen Wildfrüchten.

Hagebutten-Sirup

Die Hetscherl von den Stängeln und Blütenresten reinigen, dann entkernen. Dazu sei verraten: wenn man sich die Hände mit Kartoffelmehl einpudert, bleiben die Kerne nicht hängen. Die Früchte nun in Stücke schneiden, mit kaltem Wasser bedecken, kurz aufkochen und erkalten lassen, danach auspressen. Für 1 Liter Saft ½ Kilo Rohzucker hinzufügen und bis zur Eindickung erwärmen. In sterilisierte Flaschen füllen und bei Vitamin-C-Mangel oder in Erkältungszeiten löffelweise einnehmen.

Hagebutten-Tee
Die Früchte sammeln, vorsichtig im Backrohr bei niedrigster Temperatur trocknen, dann zerkleinern und vor Feuchtigkeit geschützt aufbewahren. Nie in Metallgefäßen lagern oder verarbeiten, weil dadurch der Vitamingehalt ungünstig beeinflusst wird. Die Kerne soll man ruhig mitverwenden, sie enthalten nämlich Vanillin. 2 Esslöffel Hagebutten in ¼ Liter kochendes Wasser geben, kurz aufwallen lassen, wegstellen und zugedeckt 15 Minuten ziehen lassen. Danach durch ein feines Sieb seihen oder besser noch filtrieren, denn empfindliche Personen können durch die mit winzigen Härchen versehenen Samenkörner Hustenreiz bekommen. Hagebutten-Tee ist ein guter Durststiller und ein verlässlicher Steinbrecher. Er hebt die Immunisierungskraft des Körpers und steigert die Abwehrkräfte. Dieser Tee findet auch Verwendung bei Fieber, Entzündungen der Schleimhäute und bei Katarrhen, bei Zungenbrennen, Zahnfleischbluten, zur Blutreinigung und für stillende Mütter zur Erhöhung des Vitamin-C-Gehaltes der Muttermilch. 3 Wochen anwenden und ebenso lange aussetzen.

Das Heidekraut fördert den Gesundungswillen

In der Besenheide *(Calluna vulgaris)* schlummern Kräfte, die nicht nur unser Heilwerden begünstigen, sondern auch unseren Gesundungswillen über Seele, Geist und Körper festigen und zu bewegen verstehen.

Heidekraut-Tee schluckweise getrunken, beschert am Abend einen günstigen Ausgleich bei Frustration, Komplexen, Fehlschlägen, nervösen Störungen und bei geistiger Übermüdung.

So wird der Tee zubereitet: 2 Teelöffel zerkleinerte und getrocknete Blütenspitzen mit ¼ Liter kochendem Wasser übergießen, 15 Minuten ziehen lassen, dann abseihen. Mit Lindenblütenhonig süßen, 2 Teelöffel Zitronensaft und 2 Esslöffel Karottensaft dazugeben. Eine solche 3-wöchige Heidekraut-Teekur wirkt erhebend.

Gelbes Labkraut zeigt vielseitige Wirkung

Die zitronengelben Blütenrispen verströmen auf Sommerwiesen einen herrlichen Honigduft. Das Gelbe Labkraut war eine der Lieblingsheilpflanzen von Kräuterpfarrer Weidinger. Er verwendete es gerne und machte damit die besten Erfahrungen. Folgendes können wir in seinen Werken nachlesen: Nervöse Magenkrämpfe verschwinden durch die Anwendung von Labkraut-Tee rasch. Eine blutreinigende Wirkung zeigt sich im allgemeinen Wohlbefinden. Grippale Infekte werden durch die schweißtreibende Eigenschaft ferngehalten. Nicht zuletzt sei auf den wundheilenden Effekt hingewiesen.

Durchführung einer *Labkraut-Teekur*: 2 Teelöffel vom zerkleinerten frischen oder getrockneten blühenden Kraut übergießt man mit ¼ Liter Wasser, lässt den Tee noch 15 Minuten zugedeckt ziehen und seiht dann ab. 3 Wochen lang früh, mittags und abends 1 Schale davon trinken, 1 Woche aussetzen und wiederholen. Eine solche Kur hilft auch großartig bei Nieren- und Blasenleiden.

Ein guter Rat für die Köchin: Ein kleines Sträußchen blühendes Labkraut in die Milch gelegt, bringt diese leichter zum Gerinnen. Oder 1 Teelöffel voll getrocknete und zerkleinerte Blüten einem Glas Sauermilch beimischen, zugedeckt 15 Minuten stehen lassen, umrühren und trinken. Das schmeckt gut und ist sehr gesund.

Natürliches Besänftigungsmittel
So betitelte Kräuterpfarrer Weidinger das Gelbe Labkraut. Diese Heilpflanze als Tee oder Bad angewandt, dient zur Beruhigung. Sie hilft Aufregungen abzubauen, unliebsame Eindrücke besser zu verarbeiten.

Bei Kleinkindern, die häufig ohne ersichtlichen Grund weinen, hat sich eine tägliche Körperwaschung mit Labkraut bestens bewährt. Dafür werden 2 volle Esslöffel getrocknete und zerkleinerte Blüten mit ½ Liter kochendem Wasser übergossen, zugedeckt 15 Minuten ziehen gelassen, dann abgeseiht. Den ganzen Körper des Kindes mit dem warmen, aber nicht heißen Tee mittels eines Waschlappens sanft abwaschen.

Kräuterkissen mit getrocknetem Labkraut: Ins Bett gelegt, duftet es angenehm und lässt leichter einschlafen. Es nimmt weiters Gicht- und Rheumaschmerzen, weil schädliche Strahleneinwirkungen abgewehrt werden.

Lavendel hat ein heilsames Aroma

Lavendel wirkt beruhigend auf Nerven und Gemüt. Er stärkt den Willen, lässt Nervosität, Magenschmerzen sowie Krämpfe schwinden und Asthma abklingen. Weiters fördert er die eigene Persönlichkeit und bringt die Verdauung in Schwung. Auch bei nervösem Herzklopfen, Schlaflosigkeit, Kopfschmerzen und Migräne ist er eine große Unterstützung. Im Krankenzimmer aufgehängt, hilft der duftende Lavendel apathischen Kranken, die keinen Gesundungswillen zeigen. Zusätzlich desinfiziert der Geruch und vertreibt Fliegen. Lavendelsackerl in den Kleiderkasten gelegt, halten auf natürliche Weise Motten fern und verbreiten ihren angenehmen Duft.

Oder stellen Sie eine Duftschale mit einigen Tropfen ätherischem *Lavendelöl* in der Wohnung auf und es entsteht auf diese Weise eine heilsame Atmosphäre im Raum. Der Geruch des

Lavendels fördert eine positive Lebenseinstellung, hilft bei Niedergeschlagenheit, Stress und anderen Müdigkeitserscheinungen.

Bei Kopfschmerzen rühren Sie am besten 2 bis 3 Tropfen ätherisches Lavendelöl in einen Teelöffel voll kaltgepresstem Olivenöl und massieren sich damit die Schläfen ein, das vertreibt die Pein. Mit diesem Lavendel-Ölauszug vor Spaziergängen die Stirn sowie die Stellen hinter den Ohren, die Ellbeugen und Kniekehlen eingerieben, hält auch Ungeziefer fern. Bei Rheumaschmerzen täglich zwei- bis dreimal Massagen damit durchgeführt, sind ebenfalls sehr hilfreich.

Lavendelbad
50 bis 60 Gramm Lavendel mit 3 Liter kochendem Wasser übergießen, 15 Minuten zugedeckt ziehen lassen, abseihen und den Tee dem Badewasser beigeben. Die Badedauer sollte ca. 10 bis 15 Minuten betragen. Ein solches Bad duftet nicht nur angenehm, es hat auch eine beruhigende und entspannende Wirkung. Zudem gleicht es die Hautfunktion aus, verbessert den Teint und hilft sogar bei Akne. Ein Lavendelbad eignet sich für jeden Hauttyp, egal ob fett, trocken, empfindlich oder normal.

Die Ringelblume gehört in jede Hausapotheke

Diese Pflanze wird wegen ihrer leuchtend gelben oder orangefarbenen Blüten nicht nur in Gärten und auf Friedhöfen gezogen, sondern als Heilpflanze auch vielfach auf Feldern angebaut. Am begehrtesten sind die gefüllten orangen Sorten, da sie nicht nur adretter sind, sondern auch einen höheren Gehalt an wertvollen Inhaltsstoffen aufweisen als die gelben Ringelblumen-Blüten.

Die Symmetrie des Blütenkorbes spricht von einer Ordnung, die im Leben notwendig ist. Sie deutet aber auch darauf hin, dass gerade in dieser Formdisziplin das Geheimnis der großen Heilkraft der Ringelblume verborgen liegt.

Orange-Gelb ist die Farbe der Ringelblume. Sie weist auf den Sonnenaufgang hin, auf Morgenröte und wertvolles Gold.

Ringelblumen-Tinktur
50 Gramm getrocknete Blütenblätter mit ½ Liter Kornbrand in einem verschlossenen Glas 14 Tage ins Fenster stellen, täglich schütteln, zuletzt abseihen. Den Rückstand mit ½ Liter abgekochtem und ausgekühltem Wasser drei Stunden lang ansetzen. Anschließend auspressen, abseihen, filtrieren und der ersten Flüssigkeit beigeben. Nochmals 14 Tage stehen lassen. In dunkelfarbige Fläschchen füllen und vor Licht geschützt kühl lagern.

Die fertige Ringelblumen-Tinktur hat eine goldbraune Farbe, sie eignet sich zur Gesichtsabreibung, wobei sie die Haut pflegt, verfeinert und klärt. Behandlungen mit dieser Tinktur regen auch den Kreislauf an und haben krampflösende Eigenschaften. Nach einem Bad dient die Ringelblumen-Tinktur zur Ganzkörperabreibung, dies pflegt sowohl fette als auch normale Haut ausgezeichnet. Weiters wird dieses Hausmittel mit Erfolg zur Versorgung von kleineren Wunden und Verletzungen angewandt.

Dreier-Tee zur Blutreinigung
Man mischt zu gleichen Teilen Ringelblumen-Blütenblätter, Brennnessel und Schafgarbe zusammen, alle Bestandteile getrocknet und zerkleinert. Dieser Kräutertee wird im herkömmlichen Heißaufguss zubereitet (2 Teelöffel für ¼ Liter Wasser, Ziehdauer 15 Minuten). Man trinkt von diesem Tee dreimal täglich ¼ Liter schluckweise, 3 Wochen lang, setzt 1 Woche aus und wiederholt dies 3 Wochen lang.

Teerezepte & Co.

Durststillender Tee für Kinder
Melisse 4 Teile, Kamillenblüten 3 Teile, Lavendelblüten 2 Teile
und Erdbeerblätter 1 Teil. 2 Teelöffel dieser Mischung mit
¼ Liter kochendem Wasser übergießen, 15 Minuten ziehen lassen, dann abseihen. Dieser Tee, noch mit etwas Honig gesüßt
und mit Zitronensaft abgeschmeckt, ist besonders an heißen
Sommertagen ein gesundes, durststillendes Getränk.

Holunder-Marmelade
500 Gramm reife Hollerbeeren vorsichtig von den Schirmdol-
den lösen. 500 Gramm Äpfel entkernen und in kleine Stücke
schneiden. 2 Bio-Orangen schälen und zerkleinern. Alles in
einem großen Topf aufkochen. Die Fruchtmasse passieren und
1 Kilo Gelierzucker dazugeben, unter Rühren zum Kochen
bringen und einige Minuten köcheln lassen. Die Marmelade
heiß in saubere Gläser füllen. Diese Delikatesse regt unsere
Verdauung an und stärkt die Abwehrkräfte.

Holunderblüten-Tee
Bei den ersten Anzeichen einer Erkältung sollte man sofort
zum Holunderblüten-Tee greifen, das ist ein altbewährtes,
recht hilfreiches Hausmittel. Dafür 2 Teelöffel der getrockneten
Blüten mit ¼ Liter kochendem Wasser übergießen, 15 Minuten
zugedeckt ziehen lassen, hernach abseihen. Dieser Tee wirkt
schweißtreibend und fördert die Abwehrkräfte. Durch Beigabe
von Lindenblütenhonig kann die Wirkung unterstützt werden.

Für eine Schwitzkur gegen aufkommende Grippe trinken Sie
2 Schalen Holunderblüten-Tee sehr warm und rasch. Dann ins
Bett gehen, gut zudecken und schwitzen. Am nächsten Morgen
duschen. Sie fühlen sich danach wohl und gestärkt, die
Erkältung ist wie weggeblasen!

Melissenbad

Es gleicht einem Neu-Werden gerade an trüben und feuchten Tagen, da unsere seelische Verfassung manchmal am Boden liegt, unsere Atemwege in Mitleidenschaft gezogen werden und oft auch die Gelenke schmerzen.

100 bis 150 Gramm frisches oder getrocknetes und zerkleinertes Melissenkraut übergießt man mit 3 Liter kochendem Wasser, lässt dies 15 Minuten zugedeckt ziehen, seiht dann ab und gießt den Tee zum Badewasser. Die Badedauer beträgt 10 bis 15 Minuten bei einer Wassertemperatur von 30 bis 37° Celsius. Sehr gut geeignet ist das Melissenbad bei Wechselbeschwerden, Nervosität und Schlafstörungen sowie bei Erkältungskrankheiten. Dieses Bad erweist sich als angenehm beruhigend. Die wohltuende Eigenschaft macht sich sowohl physisch als auch psychisch bemerkbar. Allein schon der zitronenartige Duft dieses Kräuterzusatzes wirkt entspannend und hebt die Stimmung.

Optimismustee

Jene Teemischung, die Kräuterpfarrer Weidinger schon in seinen Anfangsjahren kreiert hat und die bei seinen Mitarbeitern im Verein Freunde der Heilkräuter zum geflügelten Wort wurde, setzt sich aus folgenden Kräutern zusammen: Brennnessel und Melisse je 4 Teile, Lavendel 3 Teile, Gelbes Labkraut, Löwenzahn, Pfefferminze, Schafgarbe und Wegwartekraut je 2 Teile und Ringelblumen-Blütenblätter 1 Teil.

Die Zubereitung erfolgt im Heißaufguss: 2 Teelöffel der Mischung werden mit ¼ Liter kochendem Wasser übergossen. Den Tee noch 15 Minuten zugedeckt ziehen lassen, anschließend abseihen und schluckweise genießen.

Sollte Ihr Gemüt daniederliegen oder Sie Sorgen quälen, trinken Sie eine Schale Optimismustee, und es wird Ihnen bald wieder leichter ums Herz werden!

Salbeitee

1 voller Esslöffel frische oder getrocknete und zerkleinerte Salbeiblätter mit ¼ Liter kochendem Wasser übergießen, 15 Minuten ziehen lassen, abseihen. Morgens auf nüchternem Magen 3 Wochen hindurch getrunken, hebt es die allgemeine Konstitution des Körpers und tut auch den Augen gut. Im Gesamtorganismus vermehrt diese Anwendung die Abwehrkräfte und macht widerstandsfähiger.

Schlehen-Likör

Die blaubereiften Schlehen sollte man erst sammeln, wenn sie vom Frost bereits gebrannt wurden, dann haben sie ihr volles Aroma entfaltet. 250 Gramm Früchte gut verlesen und waschen. Mit 1 Liter Obstbrand in ein weißes Glasgefäß füllen, verschließen und 8 Wochen lang im Dunkeln stehen lassen, danach filtrieren. 250 Gramm Zucker 15 Minuten mit 1 Liter Wasser kochen, dabei umrühren. Nach dem Erkalten dem Fruchtansatz beifügen. Dann in Flaschen füllen und je 1 aufgeschlitzte Vanilleschote beigeben. Letztlich noch ein halbes Jahr lagern. Bei Völlegefühl nimmt man ein kleines Schnapsgläschen rubinroten Schlehen-Likörs ein, und der Zustand wird sich rasch bessern. Manche genießen diesen hausgemachten, wohlschmeckenden Likör schon vorbeugend und kredenzen ihn gerne Gästen.

Seniorentee

Folgende Kräuter werden dafür zusammengemischt: Lungenkraut 4 Teile, Kleinblütiges Weidenröschen und Frauenmantel je 3 Teile, Beifuß, Birkenblätter, Mistel und Weidenrinde je 2 Teile sowie Ringelblumen-Blütenblätter 1 Teil.

Die Zubereitung erfolgt im Heißaufguss, indem man 2 Teelöffel der Mischung mit ¼ Liter kochendem Wasser übergießt, 15 Minuten zugedeckt ziehen lässt und abseiht. Den Tee noch mit etwas Honig und Zitronensaft abschmecken.

Dieser aromatische Frühstückstee für ältere Menschen wirkt sich günstig auf den Stoffwechsel und Kreislauf aus, er reinigt das Blut und fördert die Vitalität.

Studententee bei Prüfungsangst
Einen hilfreichen Kräutertee kann man aus folgenden Kräutern mischen: Eisenkraut und Quendel je 20 Gramm, Melisse 15 Gramm, Orangenblüten, Anis, Rosmarin und Schafgarbe je 10 Gramm sowie Tausendguldenkraut 5 Gramm. 2 Teelöffel dieser Mischung werden mit ¼ Liter kochendem Wasser übergossen, 15 Minuten zugedeckt ziehen gelassen und der Tee abgeseiht. Tagsüber sollten die Schüler oder Studenten 2 bis 3 Schalen dieses Tees schluckweise trinken. Das lässt den gelernten Stoff besser verstehen und im Gedächtnis behalten, so kann man der Prüfung ruhiger und gelassener entgegengehen.

Jüngeren Kindern sollte man anstatt des genannten leicht bitteren Kräutertees besser jene Mischung verabreichen: Hagebutte mit Kamille und Goldmelissen-Blüten zu gleichen Teilen gemischt. 2 Teelöffel für ¼ Liter Wasser wie oben im Heißaufguss zubereiten. Den Tee noch mit etwas Honig süßen.

Weitere bewährte Hilfsmaßnahmen sind Wechselwaschungen in der Früh, indem man Hände, Gesicht und Füße zuerst sehr warm, dann kalt abwäscht und anschließend mit verdünnter Arnikatinktur einreibt. Das fördert die Durchblutung. Außerdem sollte man Fußbäder mit Apfelessigbeigabe am Abend durchführen und die Fußsohlen mit Johanniskrautöl massieren. Diese Anwendung ist nicht nur Schülern und Studenten zu empfehlen, sondern allen Kopfarbeitern.

Bibliografie

Kräuterpfarrer Hermann-Josef Weidinger

Veröffentlichungen in China (1940–1951 in Macao und Taipeh):
Übersetzung ins Chinesische: unter anderem mehrere Bände von Karl May, *Lederstrumpf* von James F. Cooper, *Licht der Berge* von F. X. Weiser, Theologie des Apostolates von Kardinal Suenens, Belgien, und andere theologische Werke.
Herausgabe einer chinesischen Kinderbibel mit kolorierten aufklappbaren Bildern.

Bücher:
Sühnepriester Jakob Kern, Graz–Wien–Köln 1960. (Englische Ausgabe: Blessed James Kern: The Priest of Atonement, übersetzt von Hubert S. Szanto, Silverado, Kalifornien 2003).
Kräutertee/Eine Sammlung mit 1008 Teekarten. Ein guter Rat vom Kräuterpfarrer; 17 Teekarten-Pakete, Karlstein an der Thaya 1980–1984.
Paket 1: Atemwege, Karten 1–16, 1980.
Paket 2: Herz und Kreislauf, Karten 17–32, 1981.
Paket 3: Verdauung, Karten 33–48, 1981.
Paket 4: Nervensystem, Karten 49–64, 1981.
Paket 5: Gelenksschmerzen, Karten 65–80, 1981.
Paket 6: Haut und Haare, Karten 81–96, 1981.
Paket 7: Gesund bleiben, Karten 97–112, 1981.
Paket 8: Für die ganze Familie, Karten 113–128, 1982.
Paket 9: Vorbeugen, Karten 129–144, 1982.
Paket 10: Seniorenprobleme, Karten 145–160, 1983.
Paket 11: Jugendprobleme, Karten 161–176, 1983.
Paket 12: Aromatische Haushaltsmischungen, Karten 177–192, 1983.
Paket 13: Für Autofahrer, Karten 193–208, 1983.
Paket 14: Nasen – Ohren, Karten 209–224, 1984.
Paket 15: Mund – Rachen, Karten 225–240, 1984.

Paket 16: Nieren – Harnwege, Karten 241–256, 1984.

Paket 17: Frauenbeschwerden, Karten 257–272, 1984

Heilkräuter anbauen – sammeln – nützen – schützen, Band 1, Wien 1981, Wien 1983.

Heilkräuter anbauen – sammeln – nützen – schützen, Band 2, Wien 1984.

Ich bin eine Ringelblume. Der Kräuterpfarrer auf Ätherwelle, Karlstein/Thaya 1983.

Lyrik-Trilogie:

Köstliche Früchte. Verse zum Nachdenken, Karlstein/Thaya 1983.

In Gold geprägt. Aufatmen der Seele, Karlstein/Thaya 1984.

Trotz allem. Heilkraft des Lächelns, Karlstein/Thaya 1984.

Tips von Kräuterpfarrer Weidinger, Karlstein/Thaya 1986.

Sonne im Herzen, Karlstein/Thaya 1986.

Guter Morgentip vom Kräuterpfarrer. Das werdende Jahr, 25. Dezember bis 24. Juni, St. Pölten/Wien 1988.

Guter Morgentip vom Kräuterpfarrer. Das fruchtende Jahr, 25. Juni bis 24. Dezember, St. Pölten/Wien 1988.

Guter Morgentip vom Kräuterpfarrer (Doppelband), St. Pölten/Wien 1992.

Mit dem Kräuterpfarrer durchs ganze Jahr, Wien 1989, 1990 (Sonderausgabe für die Buchgemeinschaft Donauland und die Deutschen Buchgemeinschaften)

Dober nasvet za vsak dan, Übersetzung von Franc Vogelnik, Maribor 1994 (slowenische Ausgabe)

Sprich mit deiner Haut. Der Kräuterpfarrer und die Hautpflege, Karlstein/Thaya 1986.

Stumme Kräuter plaudern. Der Kräuterpfarrer führt zum Beschaulich-Sein, Karlstein/Thaya 1989.

Lasst mich vom Leben reden (Autobiografie), St. Pölten/Wien 1990.

Das dreifache Siegel. Gedanken zur Lebenstiefe, St. Pölten/Wien 1992.

Augenblicke. Wege zu sich selbst, Wien 1992.

Der Augenblick zählt, Karlstein/Thaya 1993.

Kräuter für die Seele, St. Pölten/Wien 1993. (Sonderausgabe für A&M, Salzburg).

Haustiere, Heilpflanzen und Du, Karlstein/Thaya 1993.

Nütze den Augenblick, Karlstein/Thaya 1994.

Hollerbusch, Kranewitt und Haselnuß. Das Heckenbuch des Kräuterpfarrers, Karlstein/Thaya 1994.

Grüne Oase ums Haus. Das Gartenbuch des Kräuterpfarrers, Karlstein/Thaya 1995.

Hing'schaut und g'sund g'lebt, Karlstein/Thaya 1995.

Mensch und Baum. Der Kräuterpfarrer und die Sinnsprache der Bäume, Karlstein/Thaya 1997, Stuttgart 2018.

Jakob Kern. Durch Leid zum Licht, Karlstein/Thaya 1999.

Weihnachten mit dem Kräuterpfarrer, St. Pölten/Wien 1999, Wien 2000, Salzburg 2009.

Hing'schaut und g'sund g'lebt, Band 2, Karlstein/Thaya 2002. (Polnische Gesamtausgabe von Band 1 und 2, Warszawa 2018).

Mit dem Kräuterpfarrer durchs Jahr. Immerwährender Kalender, Textauswahl aus den Büchern von Kräuterpfarrer Weidinger, St. Pölten/Wien 2005. (Sonderausgabe für A&M Salzburg).

Kräuterpfarrer Benedikt Felsinger

Heilkräuter aus dem Klostergarten, Wien 2011. (Sonderausgabe Wien 2013).

Für Leib und Seele. Tipps vom Kräuterpfarrer, Wien 2014.

Danksagung

»Wann's di nit gabat, müassat ma di mocha«, sagte Pfarrer Weidinger zu manchen Menschen, die ihm sehr nahestanden. Dasselbe sage ich zu Melitta Blaim. Ohne ihre Arbeit in der Redaktion wäre kein Buch vom Kräuterpfarrer oder über ihn denkbar. Durch ihre Hand beziehungsweise über ihren PC laufen alle Texte, Korrekturen und Bilder. Auch die Aufbereitung des Materials, viele Recherchen sowie das Verhandeln der technischen und geschäftlichen Details mit dem Verlag gehen auf ihr Konto.

Mein Dank gilt dem Damenteam im Amalthea Verlag für die positive und unkomplizierte Aufnahme dieses Buches sowie der Lektorin, die sich nicht nur sprachlich, sondern auch inhaltlich in die Sache vertieft hat.

Meiner lieben Herta danke ich für alles Mitsorgen und für ihr Verständnis, wenn ich physisch oder gedanklich nicht zu Hause war und sie die größere Last in Haus und Familie zu tragen hatte.

Mit seinem Vorwort identifiziert sich unser Kräuterpfarrer Benedikt mit diesem Buch und gibt ihm seinen Segen mit auf den Weg. Uns gemeinsam ist die Sorge um das Werk des Hermann-Josef Weidinger. Für mich war die Arbeit mit ihm und über ihn eine Lebensbereicherung. Wenn es ihn nicht gegeben hätte, »müsste ihn der liebe Gott machen«!

Dieses Buch ist mein Vermächtnis an den Verein, den ich nach Weidingers Heimgang vierzehn Jahre führen durfte – an die Mitarbeiter und die Freunde im Vereinsvorstand, an alle Mitglieder, die die Idee tragen und unterstützen, an Sie, liebe Leser!

Euch allen danke! Und Glück auf!

Karl Wanko

Personenregister

Kursive Seitenzahlen beziehen sich auf den Bildteil.

Die Urkraft des Lebens
—— offenbart sich im Baum

464 Seiten, ca. € (D) 25,–
ISBN 978-3-440-16108-1

Wie kein anderer schaut Kräuterpfarrer Hermann-Josef Weidinger in das innere Wesen der Bäume und zeigt den Menschen den Weg, ihre Sinnsprache zu verstehen und ihre Heilkräfte zu nutzen. In seinem Buch reichen sich Mythologie, Volksglaube, Pflanzenheilkunde sowie Brauchtum die Hand.

Er stellt 28 Bäume vor, die sich als segensreiche Spender von Heilmitteln erweisen. Dabei schöpft der Kräuterpfarrer vor allem aus seiner engen Verbindung zur Natur, in der er das Wirken Gottes wahrnahm. Ein praktischer und zugleich spiritueller Ratgeber für naturnahes Leben und Heilen.

77 heimische Pflanzen und Heilkräuter, die helfen und heilen

Ob Gartenkräuter, Bäume oder wild wachsende Blütenträger – sie alle haben eines gemeinsam: ihre positive Wirkung auf Leib und Seele des Menschen. Heilkräuter und Heilpflanzen können helfen, der Hektik des Alltags zu entfliehen und zu körperlichem wie seelischem Wohlbefinden zurückzufinden. Dem Lauf der Jahreszeiten folgend stellt Kräuterpfarrer Benedikt Felsinger 77 heimische Pflanzen und Kräuter vor. Mit praktischen Tipps zur Anwendung sowie Rezepten für Tees, Bäder und Tinkturen.

···

Benedikt Felsinger O.Praem.

Für Leib und Seele

Tipps vom Kräuterpfarrer

184 Seiten, mit zahlreichen Abbildungen
ISBN 978-3-85002-870-7
eISBN 978-3-902862-90-7

Amalthea   amalthea.at